हथेली पर खिली धूप

हथेली पर खिली धूप

संजय पारिख

भारतीय ज्ञानपीठ

वाणी प्रकाशन : भारतीय ज्ञानपीठ की पुस्तकों
के एकमात्र प्रकाशक एवं वितरक

सजिल्द पहला संस्करण : 2023

प्रकाशक
वाणी प्रकाशन ग्रुप
4695, 21-ए, दरियागंज, नयी दिल्ली-110 002
फ़ोन : 011-23273167, 23275710
ईमेल : sales@vaniprakashan.in

ISBN : 978-93-5775-014-1

हथेली पर खिली धूप
(कविता-संग्रह)
संजय पारिख

HATHELI PAR KHILI DHOOP
(Poetry Collection)
by Sanjay Parikh

मुद्रक : आर. टेक ऑफ़सेट प्रिंटर्स, दिल्ली-110 032

Price : INR. ₹ 300

अपने

पूज्य माता-पिता

को अर्पित!

प्राक्कथन

'हथेली पर खिली धूप' के पहले संजय पारिख की कविताओं के तीन संग्रह – 'धूप में छिपे शब्द' (2008), 'तुम हो तो हूँ' (2010), 'कुछ न कहो इस साँझ' (2017) – प्रकाशित हो चुके हैं। मैंने ये तीनों संग्रह काफ़ी अरसा पहले पढ़े थे। हालांकि, उन पर कुछ लिखना हमेशा टलता ही रहा।

संजय पारिख अभी सुप्रीम कोर्ट में वरिष्ठ अधिवक्ता हैं। मानवाधिकार और पर्यावरण से जुड़े सुप्रीम कोर्ट के बहुत से महत्त्वपूर्ण फ़ैसलों में उनका योगदान रहा है। जनान्दोलनों और जनहित के मुद्दों से वे लगातार जुड़े रहते हैं। इसी रूप में मैं उन्हें जानता था। उनके कवि रूप का परिचय मुझे नहीं था। एक दिन उनका पहला काव्य-संग्रह 'धूप में छिपे शब्द' पढ़ने का मुझे अवसर मिला। मुझे अच्छा लगा तो पारिख जी ने मुझे दूसरा और तीसरा काव्य संकलन भी दिया।

उनकी कविताएँ पढ़कर मुझे उनके अन्तर्लोक की कुछ झाँकी मिली। मुझे आश्चर्य-मिश्रित खुशी हुई कि उनके भीतर बैठे कवि पर उनके पेशे और एक नागरिक के बतौर निभायी जाने वाली भूमिका का दबाव नहीं है। काव्य संग्रहों की भूमिकाओं में कविता और अपनी कविता के बारे में उनकी धारणाएँ भी पढ़ने को मिलीं। वे सृजन और उसकी प्रक्रिया को देश-काल, यहाँ तक कि साहित्य-परम्परा से भी स्वतन्त्र मानते प्रतीत होते हैं। उनकी इस धारणा का क्या आशय है, इस ब्योरे में न जाकर यह मानें कि एक रचनाकार के नाते संजय पारिख का बलाघात सर्जक और सृजन की स्वतन्त्रता पर है। रचनाकार की स्वतन्त्रता सापेक्ष होती है, भले ही वह निज अथवा स्व को प्राप्त कर पर अथवा समग्र को पाता हो।

हम साहित्य के शिक्षक अपने पेशे के तक़ाजों के तहत आद्यान्त बहुत-से रचनाकारों के अन्तर्लोक की झाँकियों को अपनी सामर्थ्य-भर देखने-समझने की कोशिश करते रहते हैं। इस तरह साहित्य-परम्परा में प्रवाहमान विविध झाँकियों के हुजूम में साहित्य के शिक्षक जीते हैं। कहने की ज़रूरत नहीं कि देखने-समझने की यह कोशिश परम्परागत एवं आधुनिक साहित्य सिद्धान्तों और व्याख्याओं के साथ करनी होती है; इस उद्यम में सहयोगियों और विद्यार्थियों का साथ तो रहता ही है। संजय पारिख के चार काव्य-संग्रह पढ़ने के बाद उनके अन्तर्लोक की झाँकी भी पहले से विद्यमान झाँकियों के हुजूम में शामिल हो गयी है।

प्रत्येक भाषा में साहित्य की लोक-परम्परा और शिष्ट/अभिजात परम्परा मिलती है। दोनों अपनी कच्ची रचना-सामग्री जातीय स्मृतियों और समकालीन जीवन-यथार्थ से उठाती हैं। शिष्ट-परम्परा को यह अतिरिक्त सुविधा रहती है कि वह अपने को लोक-परम्परा से भी समृद्ध करती चलती है। इसके साथ शिष्ट-साहित्य की परम्परा के अन्तर्गत कथ्य (संवेदना) और शिल्प-विधान का निरन्तर संवर्द्धन होता ही है। जैसा कि टीएस इलियट ने कहा है, प्रत्येक युग की प्रतिभा उसके पूर्व और समकाल में विद्यमान परम्परा में ही अपना स्थान बनाती है। आधुनिक युग में साहित्य की इन दो सुस्थापित परम्पराओं के साथ लोकप्रिय साहित्य (पॉपुलर लिटरेचर) की भी अलग से एक परम्परा बनी हुई है। इसमें मुख्यत: उपन्यास और मंचीय कविता की विधाओं में लेखन-वाचन होता है। इस परम्परा के साहित्य, ख़ासकर उपन्यास को साहित्य के पाठ्यक्रम और आलोचना/शोध में जगह मिलने की शुरुआत काफ़ी पहले हो चुकी है।

प्रत्येक भाषा में साहित्य की स्वीकृत शिष्ट-परम्परा के इर्द-गिर्द भी काफ़ी साहित्य रचा जाता रहा है। बताया जाता है कि आधुनिक कविता के छायावादी चरण के दौर में अनेक लोग उस तरह की कविता कर रहे थे। हालांकि, केवल चार रचनाकार साहित्यिक परम्परा में अपना स्थान बना पाये और यह फ़ैसला उस दौर में ही हो गया था। 'नयी कविता' के साथ भी लगभग वैसी ही स्थिति रही है। आधुनिक काल में साहित्य की

शिष्ट-परम्परा के इर्द-गिर्द अनेक लोग मुख्यत: कविता और सामान्यत: कहानी, उपन्यास, नाटक, संस्मरण, रिपोर्ताज आदि विधाओं में रचना करते रहे हैं। उनका रचना-कर्म लोकप्रिय साहित्य के खाते में नहीं आता है। इस सामानान्तर साहित्य-संसार पर शिष्ट-साहित्य के अध्येताओं और रचनाकारों की दृष्टि प्राय: नहीं पड़ती है। पड़ती है, तो केवल फुटकर रूप में।

मुझे लगता है कि किसी भी भाषा के साहित्य की एक मुकम्मल तस्वीर बनाने के लिए इस सामानान्तर साहित्य-संसार को भी देखा जाना चाहिए। यह सही है कि शिष्ट-परम्परा के साहित्य की प्रत्येक विधा में अभिव्यक्त कथ्य और शिल्प-विधान की एक अटूट किन्तु संवर्द्धनशील परम्परा रहती है। साथ ही, एक ही दौर के रचनाकारों में उस परम्परा को आत्मसात करने और आगे बढ़ाने की अलग-अलग बानगियाँ देखने को मिलती हैं। इस तरह साहित्यिक परम्परा का अत्यन्त संश्लिष्ट सृजनशील विकास होता चलता है। साहित्यिक परम्परा के इस अनुशासन के तहत पुरातन से जुड़े रह कर भी हर दौर के कथ्य एवं शिल्प में कुछ भी पुराना नहीं होता और नूतनता के रचना-लोक के बावजूद कुछ भी नया नहीं होता। (भारत जैसे देश में, जहाँ लोक और शिष्ट भाषाओं और उनके साहित्य की अनोखी विविधता है, यह संश्लिष्ट सृजनशीलता और गहरी हो जाती है।) इस तरह किसी भी दौर की कोई भी रचना साहित्यिक परम्परा से विच्छिन्न नहीं होती – हो सकती।

कहने की ज़रूरत नहीं कि यह समस्त सृजन-व्यापार समकालीन सामाजिक-राजनीतिक-आर्थिक-सांस्कृतिक-धार्मिक यथार्थ की जटिल आधार-भूमि पर फलीभूत होता है। रचनाकार राजनीतिक-आर्थिक-सांस्कृतिक-धार्मिक यथार्थ को सौन्दर्य-सत्ता/विधान (एस्थेटिक्स) में रूपान्तरित करते हुए चलता है। लिहाज़ा, रचना यथार्थ से विच्छिन्न भी नहीं होती – हो सकती।

संजय पारिख हिन्दी कविता की शिष्ट-परम्परा के समानान्तर विद्यमान परम्परा के महत्त्वपूर्ण कवि हैं। मुझे संजय पारिख के रचना-संसार में अभिव्यक्ति की ईमानदारी और उससे पैदा होने वाली ताज़गी मिलती है।

इस भूमिका में उनके कृतित्व की विस्तृत विवेचना का अवसर नहीं है। मैं यहाँ उनकी कविताओं की केवल एक विशेषता रेखाँकित करना चाहूँगा। ये कविताएँ शुरू से आख़िर तक प्रकृति के बहुरूपी और बहुआयामी चित्रण से भरी हुई हैं। समुद्र, नदी, सरोवर, लहरें, घाटी, बादल, आकाश, चाँद, तारे, सूरज, किरणें, ओस, धूप, अन्धेरा, बारिश, पेड़, पौधे, फूल, पत्ते, सुगन्ध, हवा, ऋतुएँ, रेगिस्तान, पक्षी—कवि प्राकृतिक सौन्दर्य से विभोर है, गोया उससे अभिन्न है। वह प्रकृति को जीवन और जीवन को प्रकृति के केन्द्र में रखकर देखता है; जाहिर है, अपने कवि-कर्म को भी।

इन कविताओं में कवि ने कथ्य और शिल्प सहित जो कुछ रचा है, वह प्रकृति की साक्षी में रचा गया है। कवि और उसके काव्य-संसार में सायास कुछ भी नहीं लगता। सब कुछ निरायास/नैसर्गिक लगता है। 'धूप में छिपे शब्द' संग्रह में इसी शीर्षक की पूरी कविता देखी जा सकती है: "अमलतास की छाँव में खड़े/मैंने माथे पर छलकते पसीने की बूँदों को/ ओस की मानिन्द/जो रात भर कतरा-कतरा जुड़ी हैं/ साँवली दोपहर में/ धीमे से पलकों तक/ सरकते देखा।\ अमलतास के सुनहरे फूल/ धूप के कर्ण-फूल बन कर झूलने लगे/ धूल भरे एक झोंके ने/ टकराकर कहा/ अमरबेल नहीं है तेरी चेतना!/ ओसकण,/ स्वेदकण,/ और आँसू की बूँदें/ अपरिमित तृष्णा से/ गहन वेदना में उपजे/ कमलदल पर मोती के/ कुछ बिखरे दाने हैं/ प्रतीक हैं ये/ उस शब्द के/ उठा है जो दूर दिगंत यामिनी में/ अन्तस से।/ श्रम से श्रान्त देह—/ दोपहर के झूले पर झूलती/ शाम बाग़ के कोने में/ छत की मुंडेर पर/ नीम के पास आ बैठती है,/ सामने जहाँ ऊर्जा-स्तूप पर फहराता ध्वज/ नीलाकाश पर अपनी स्वतन्त्रता का उद्घोष करता है।/ हाँ/ प्रज्ञा पुरुष जागो!/ सृष्टि के इस विराट चक्र में/ जहाँ सौन्दर्य, प्रेम, कर्म और चेतना की महत्ताएँ/ आँकी नहीं जा सकतीं/ जहाँ निर्वात शून्य ही/ अन्त है/ या अनन्त है/ वहाँ से/ कैसे अपनी स्थिति का बोध करूँ/ और कह सकूँ/ कि मैं कर्ता हूँ!"

ऐसा कवि प्रकृति के सहज सौन्दर्य को रचना मानते हुए अभिव्यक्ति की असमर्थता का बोध करे तो अचरज की बात नहीं है। 'तुम हो तो हूँ' संग्रह में 'शब्द नहीं उभरा' कविता की कुछ पंक्तियाँ है : "मौन कहीं

सोया था पथ पर/ शब्द ने पूछा क्या कुछ लिख दूँ?/ लिख दो/ लिख दो/ जो भी मन में आये लिख दो/...पर क्या लिख पाओगे?/ लिखा है जो नदियों ने/ अपने किनारों पर/ ढूँढ़ा है जो झरनों ने/ पहाड़ों में/ पूछा है जो हवा ने/ खेतों में फैली धान से/...मौन सोया रहा/ पथ पर/ कोई भी/ शब्द नहीं उभर। "कवि प्रकृति को प्रकृति जैसा ही देखना चाहता है, अनुकृति से उसके सृजन की प्यास नहीं बुझती: "एक शंका उठती है/ क्या देखा भी है मैंने कभी/ चाँद को चाँद जैसा?/ या बस/ उसकी प्रतिछाया का प्रतिरोपण ही/ अंकित है मनस पर/ बिखर जाता है/ जो हर हवाई झोंके से।"

प्रकृति के साथ अभिन्न कवि में रहस्य-चेतना और प्रेम-चेतना का होना स्वाभाविक है। इन कविताओं में रहस्य और प्रेम की चेतना प्रश्नाकुल संवादात्मक जिज्ञासा में उभरती है। 'तुम हो तो हूँ' संग्रह की 'अर्पण' कविता की पंक्तियाँ हैं : "... तुम्हारा तो है/ विशालतम कृपा-छत्र/ जिसकी छाँव में उपजा/ जिज्ञासा का अंकुर/ ऋचाओं का उद्गम/ नियति का वरदान/ और ऋतुओं का उपहार है/ ...तुम्हारी शरणागत हूँ/ पर क्या/ सहेज पाया हूँ ऐसी श्रद्धा-आस्था/ कि सभी प्रयत्नों का भार तुम्हें सौंप दूँ?/ क्या मिट चुका हूँ तुममें/ रम चुका हूँ इतना/ कि चन्दन पानी-सा संजोग हो जाये?"

कवि के यहाँ प्रेम प्रकृति के निस्सीम प्रांगण में निर्द्वन्द्व भाव से ढेर सारी बातें करते हुए फलित होना चाहता है। प्रकृति के साथ प्रेम की नहीं, प्रकृति में जीते हुए प्रेम की कई कविताएँ इन संग्रहों में हैं। 'कुछ न कहो इस साँझ' संग्रह में 'प्रेम', 'धूप और प्यार', 'प्रेम चढ़यो सोपान' कविताएँ देखी जा सकती हैं। प्रकृति नहीं तो प्रेम नहीं–ऐसा कुछ सन्देश संजय पारिख की कविताएँ देती प्रतीत होती हैं।

कवि का प्रकृति में स्थित होने का उदग्र और उत्कट अनुभव चौथे संग्रह तक भी न शान्त हुआ है, न क्लान्त : "तू शब्दों को छितरा दे बादलों पर/ उड़ाने दे उन्हें आश्रय-विहीन/ देखने दे उन्हें/ विविध रंगों के फूलों को/ कल-कल बहते झरनों को/ और वीरान रेगिस्तान में धूल भरे अन्धड़ों को/ फिर फेंक दे उन्हें/ अन्तहीन विस्तार में/ कि भागें कभी वो/

डूबते सूरज के पीछे/ तो कभी चाँदनी के/ नरम पंखों पर उड़-उड़कर/ ख़ूब हँसें/ और समझें/ स्वयं अपना अर्थ!" ('हथेली पर खिली धूप' संग्रह में 'सृजन के क्षण' कविता) पहले ही संग्रह से कवि के पीछे लगी चिर-परिचित धूप ने भी उसका पीछा नहीं छोड़ा है और संग्रह का शीर्षक अपने नाम कर लिया है। हालाँकि, पहले हथेलियों पर खिलने वाली और कवि को अलग-अलग मौसम में जहाँ-तहाँ दौड़ाकर ले जाने वाली "धूप अब हथेलियों पर नहीं बैठती/ कुछ कहती भी नहीं/ आती है बस छत की मुँडेर तक/ अनयमनस्क-सी/ और शाम होते ही/ चली जाती है वापस/ चुपचाप!" ('हथेली पर खिली धूप') प्रकृति का यह मन्त्र कवि को अपनी माँ से मिला है : "मैं पहाड़ों की ढलानों से उतर कर/ आज ही पहुँचा हूँ माँ!/ वहाँ चढ़ते-चढ़ते अचानक तुम्हारी/ बहुत याद आयी/ कि तुमने कहा था एक दिन/ 'मैं होती इक चिड़िया/ उड़ती रहती/ दूर-दूर तक/ बिना बोझ लिये/ अकेली ... स्वतन्त्र!'/ न जाने यह बात मुझे/ क्यूँ भा गयी इतनी/ कि मैं एक उत्सुक बालक की तरह/ भटकता रहता हूँ/ पहाड़ों में/ घाटियों में/ नदियों और झरनों के किनारे/ घूमता-घूमता/ ताकता... टटोलता/ कभी निहारता तो कभी डबडबी आँखों से/ अपने को ही खोजता/ खो जाता हूँ .../ पर थकता नहीं!"

इस संग्रह की 'एक पत्ती ने झाँका' कविता अत्यन्त महत्त्वपूर्ण है। कवि को अपना जान कर पहले एक पत्ती और फिर पूरा पेड़ उसके घर में चला आता है। पेड़ के रहते कवि के घर में पूरा ऋतुचक्र घूम जाता है। उस पेड़ के पास कुछ और पेड़ चले आते हैं। एक विशाल जंगल चारों ओर फैल जाता है। कवि के घर के दरवाज़े, खिड़कियाँ, दीवारें विलुप्त हो जाती हैं। पेड़ और कवि के बीच का भेद मिट जाता है। कवि वही हो जाता है जो है यानी पेड़ : "उसके और मेरे बीच का भेद/ अब मिट गया/ ऋतु-परिवर्तन होता तो/ हम हँसते/ या मौन हुए वेदना को सहते/ पर भीतर/ अन्तर्रस निर्विघ्न बहता रहता!" यह कविता कवि की काव्य-संवेदना की परिणति कही जा सकती है।

संजय पारिख के काव्य-संसार से गुज़रते हुए यह स्पष्ट हो जाता है कि ये कविताएँ प्रकृति-चित्रण भर की नहीं हैं। एक गहरी चिन्ता का वहन

और सम्प्रेषण करती हैं। उस चिन्ता को समझ लें तो इन कविताओं का अर्थ भी समझ में आ जाता है। आधुनिक औद्योगिक सभ्यता इस मायने में पहले की सभ्यताओं से अलग है कि उसमें मनुष्य और प्रकृति के बीच हमेशा से चला आ रहा परस्परता का रिश्ता हमेशा के लिए ख़त्म कर दिया गया। दोनों के बीच परस्परता की जगह प्रतिस्पर्धा ने ले ली। मनुष्य और प्रकृति के सम्बन्ध में यह एक पेराडाइम शिफ्ट था। संजय पारिख की कविताओं से लगता है जैसे प्रकृति के विनाश के साथ सृजनशीलता का भी विनाश होता जा रहा है। यह कहीं भी सीधे कहा नहीं गया है यानी इन कविताओं का अकथित है कि सृजनशीलता–सम्बन्धों से लेकर मूल्यों तक की–को बचाने के लिए प्रकृति को बचाना ज़रूरी है। वह तभी हो सकता है, जब मनुष्य और प्रकृति (बाह्य और अन्तर) की परस्परता के रिश्ते को बहाल किया जाये। कवि ने बिना कहे 'पगलाई सोच से परिचालित' विकास के पूँजीवादी मॉडल पर गहरा प्रश्न-चिह्न लगाया है। यह विकास पीढ़ी-दर-पीढ़ी दुनिया भर में असंख्य लोगों के लिए जीवन का विनाश बन कर आता है।

विकास के चलते जो विस्थापन और तबाही होती हैं, उसके सीधे कथन की संजय पारिख की एक भी कविता नहीं है। पहले संग्रह की 'डोमखेड़ी की होली' कविता जैसे कुंजी बन जाती है, उनकी कविताओं के अकथित को खोलने की। कवि ने कविता के अन्त में बताया है, "नर्मदा घाटी के गाँव डोमखेड़ी की आख़िरी होली सन् 2005 में, जो बाद में सरदार सरोवर बाँध के बढ़ते विनाश क्रम में डूब गया।" इस कविता में प्रकृति और उसके बेटी-बेटे समवेत स्वर में जीवन को उजाड़ने वाले विकास को चुनौती देते हैं : "भरा-पूरा चाँद हँसता-हँसता/ फिर घाटी में आया/ और धीरे से बोला: खेलोगे होली?/ अचानक पूछे इस प्रश्न से/ अचम्भित-सा हो/ बूंदा कुछ देर तो साधे रही चुप्पी/ कुरेदती रही बीते दिनों की टीस/ फिर बोली/ क्यूँ नहीं!/ नदी की स्तम्भित लहरों पर फिर तो/ गूँजने लगे गीत/ फैल गया खुशी का/ एक पल/ पूरे पलाश पर/... इन सबके बीच चुप-सा बैठा महरिया बोला :/ क्या होगी फिर कभी/ ये होली?/ ... थिरकते पैर रुकने लगे/ थमने लगी ढोलों पर थापें/ सकुचाया

जैसे चाँद भी/ एक अवसाद-सा घिर आया।/ अचानक जैसे/ गूँजी एक आवाज़/ विश्वस्त और अडिग/ पास आयी और बोली : जाने न देंगे अपने चाँद को/ घाटी के पार/ बाँध लेंगे उसे यहीं/ पहाड़ के पीछे/ रोक लेंगे/ पानी के बढ़ते आवेग को/ पूछेंगे उस पगले सोच से/ करोगे और कितना विनाश?/ हमारी आवाज़ उसे रोकेगी/ हमारे हाथ/ थाम लेंगे पानी की दीवार/ बहने न देंगे/ हम अपनी फ़सलें/ अपने घर/ अपने स्वप्न/ होगा / ऐसा होगा!/...सहमा हुआ चाँद फिर मुस्कुराया/ बोला : आऊँगा अगली बार भी,/ और चाँदनी कजली की आँखों में/ मीठे-मीठे स्वप्न/ एक बार फिर बुनने लगी!"

इन कविताओं के कथ्य के अन्य पहलू भी हैं। भूमिका के कलेवर में उन सभी पर बात करना सम्भव नहीं है। संजय पारिख को बिम्बों का कवि कहा जा सकता है। कुछ बिम्ब प्रतीक का दर्जा हासिल कर लेते हैं। जैसे धूप, चाँद और पेड़। मुक्त छन्द में निबद्ध इन कविताओं में गेयता का गुण मिलता है, जिसके तहत अर्थ और शब्द दोनों की लय प्रवाहित होती है। काव्य-भाषा और शब्दों के प्रयोग में एक मनमौजीपन है। संक्षेप में कहूँ तो प्रकृति के साथ जीवन की लय मिलाती हुई हैं ये कविताएँ।

डॉ. प्रेम सिंह

12 फरवरी 2023

हिन्दी विभाग, दिल्ली विश्वविद्यालय,

दिल्ली

अपनी बात

पहले की तरह इस बार कवि या कविताओं के बारे में विस्तार से लिखने का मन नहीं। बहुत से प्रश्न जो मेरे मित्रों ने मुझसे पूछे थे कविताओं के सन्दर्भ में और कुछ मेरी शंकाएँ भी थीं, वी मैंने पिछले काव्य संग्रह 'कुछ न कहो इस साँझ' में स्पष्ट करने का प्रयत्न किया था। समय बीत गया, पता ही नहीं चला कि पिछले काव्य संग्रह को छपे कई वर्ष बीत गये। कुछ समय पहले एक परिचित ने पूछा—क्या अभी भी मैं कविता लिखता हूँ? मैं यकायक उत्तर दे नहीं पाया, बस मुस्कुराया, जिसका अभिप्राय वे सज्जन समझ गये होंगे। अच्छा हुआ उन्होंने कोई कविता पढ़ने के लिए नहीं कहा। हो सकता है यह भी सोचा हो कि एक उम्र के बाद कवि अक्सर लिखना बन्द कर देते हैं।

मुझे यह तो समझ में आ गया कि व्यावहारिकता में ही उन्होंने यह प्रश्न पूछा था, कोई गम्भीरता नहीं थी, न उन्हें इस बात में खास रुचि थी कि मेरा कविता लिखना जारी है या नहीं? कविता जैसे जीवन से विभक्त कोई प्रक्रिया हो! पर कई प्रश्न मन में उभरे, यह भी क्या किसी कवि का कविता लिखते रहना ज़रूरी है? और कविता न लिखने वाला क्या कवि नहीं होता?

हाँ, उन सज्जन को उत्तर देना होता तो कहता एक निरन्तरता भीतर बनी रही, पर कभी उस सुख को भोगने का आनन्द ही मन को भाया, तो कभी लिखने का मन किया, कुछ लिख भी पाया। पर कभी तो प्रयत्न करते-करते भी कुछ नहीं लिख सका। कैसे कहता कि चलते-चलते जब कभी एक सुखद अनुभूति ने छुआ, एक मुक्त पल सुगन्ध की तरह फैला,

जब एक ख़ालीपन सा कहीं अन्तर में जन्मा और सवेरे का सूरज शाम तक साथ-साथ चला तब और तब लगा सबकुछ जुड़ा-जुड़ा है, विभक्त नहीं—मन में उस क्षण एक कविता उभरी, एक अधीरता ने जन्म लिया। तभी किसी कविता का रूप बन पाया। उसका रूप कैसा बन पाया कह नहीं सकता।

यह सच है कि केवल शब्द कविता के बृहद् रूप को समेटने में असमर्थ हैं, लगता है कहीं रंग भरना है, कहीं राग भरनी है, कहीं चित्रांकन होना है—पर क्या यह सब हो पाना सम्भव हो पाता है? हर बार लगता है कहीं अपना ही देखना अपूर्ण था—अधूरा था। जिन तत्त्वों को मिलना था वो मिल न पाये। जीवन को जो अनुभव करना था वो नहीं हो पाया। राग-विराग, मोह-प्रलाप और अनेकानेक ऐसी ही विकृतियाँ सम्प्रेषण में बाधा उत्पन्न करती रहीं। कभी तो लम्बे समय तक धूमिल-धूमिल-सा ही परिलक्षित हुआ। जीवन जैसे कहीं ठहर गया।

यह सब होता रहता है, समय और परिस्थितियाँ भी अपना प्रभाव डालती हैं। जाने-अनजाने कृतित्व में भी परिवर्तन आ जाता है। कभी कविताएँ छूट भी जाती हैं। पर यह छूटना अगर चेतना के अग्रसर होने के प्रयत्न में हुआ है, तब तो ठीक है, पर अगर यह किसी आलस्य या हार को स्वीकारने का प्रतिफल है, तो अक्षम्य है। भला कोई रचना-कर्म के आनन्द को कैसे छोड़ सकता है। वह आनन्द जो समय और काल के परे है—निरन्तर है।

कविता तो अपने को देखने और अन्तर सौन्दर्य को बढ़ाते जाने का एक प्रयत्न भर है। जैसे-जैसे दृष्टि समग्रता की ओर बढ़ती है, वैसे-वैसे जीवन सुगठित होता है और कविता प्रखर होती जाती है। समाज का, व्यक्ति का, उसके स्वभाव का, चिन्तन का, प्रकृति का—सारी संसृति का कहीं एक बिन्दु पर जुड़ाव है। वहीं से प्रेम, करुणा, सौन्दर्य तो कभी विद्रोह के स्वर जन्म लेते हैं। भाव कैसा भी हो पर जब सृजन में वह जुड़ाव परिलक्षित होता है, तब उसमें एक निरन्तरता और सुन्दरता स्वमेव आ जाती है। कोई उस बिन्दु को ईश्वर का रूप मानता है, तो कोई सृजनात्मक चेतना का स्रोत! उसी स्रोत से जन्मी कविता किसी भी काल

में पुरानी नहीं होती। हर पीढ़ी उन कविताओं से ऊर्जा पाती है, प्रेरणा पाती है, आनन्द पाती है।

गुरुदेव रवीन्द्रनाथ टैगोर ने अपनी एक रचना में लिखा है कि एक दिन पास के एक छोटे गाँव से एक तपस्विनी स्त्री उनसे मिलने आयी, उस गाँव में बाउल भी रहा करते थे। उसने अपनी चमकती हुई आँखों से उनके चेहरे को देखा और बोली, ''तुम मुझसे पेड़ के नीचे मिलने कब आ रहे हो?'' टैगोर यह सुनकर हतप्रभ से हो गये। बिना उत्तर की प्रतीक्षा किये वे बोलीं, ''तुम हमेशा पढ़ते-लिखते रहते हो ... तुम देखते नहीं।'' टैगोर ने लिखा कि यह स्त्री जो उस विराटता को सभी वस्तुओं में विद्यमान हुआ सीधा-सीधा देख पाती थी, सही मायने में हमारे देश की आत्मा का प्रतिनिधित्व करती है।

ज्ञान तो वही है, जो स्वयं के अनुभवों से आत्मसात होता है, बाक़ी तो पढ़ी हुई बातों को बढ़ा-चढ़ा कर नाटकीय तौर पर प्रस्तुत करना ही है। उस ज्ञान का, अनुभव का आत्म-साक्षात्कार आनन्द की उत्पत्ति करता है। वह अनुभव जो घास के तिनके में वही रूप देखता है, जो विशाल वृक्ष में समाया है, जिसका विस्तार बहती नदी में, स्तम्भित वापी में, हवा में, पहाड़ों में, सूरज में, बादलों में, चाँद में ...सब में फैला है। चेतना में हमेशा ही तो जुड़ाव का उष्ण सम्पर्क बना नहीं रहता, पर जब भी किसी विचार में वह जुड़ाव उत्पन्न हो पाता है तो एक रचना बनती है, चित्र बनता है, कविता बनती है, गीत बनते हैं। वे बिरले होते हैं, जो हमेशा उस उष्ण सम्पर्क से जुड़े रहते हैं और उनका रचना-कर्म अबाध चलता रहता है। जब कुछ बाह्य रूप से रचित नहीं होता, तब भी रचनाक्रम रुकता नहीं। उस चेतना से निःसृत हुए भावों को जब शब्द और शैली मिल जाती है तभी एक कविता का जन्म होता है। शब्द जितनी क़रीबी से भावों की सूक्ष्मता व्यक्त कर पाते हैं, उतनी ही सार्थक कविता बन पाती है। ऐसी कविता बिना संशय के आनन्द का स्रोत होती हैं।

इन कविताओं में दोपहर है, धूप है, छत की मुंडेर है, स्वप्न हैं, मन है, कल्पनाएँ हैं और देखने या देख न पाने की विवशता है। क्यूँ बाहरी हवा का आनन्द भीतर समाहित नहीं हो पाता, इसका दुख है।

मुझे बड़ा कठिन लगता है कि कैसे जीवन के हर क्षण में साथ रहते और दिखते, प्रकृति के विभिन्न पदार्थों, रूप और गन्ध के नये-नये आयामों को, कविता-सृजन से बाहर रखा जा सकता है। चाँद, सूरज, पेड़, झरने, पहाड़, समुद्र, नदी आदि-आदि साथ चलते-चलते जीवन का अभिन्न हिस्सा बन जाते हैं। इनका प्रयोग शाब्दिक रूप से या प्रतीक के माध्यम से बार-बार कविताओं में आता रहता है। मेरे लिए इनसे दूर हो पाना असम्भव है। स्वयं का सृजना के साथ यह जुड़ाव कविताओं का अभिन्न अंग बन गया है। शायद इस जुड़ाव का गहन होना ही नयी क्रियात्मकता, नयी कल्पनाओं, रचनाओं को जन्म देता है। कवि जब इस सृजनात्मक स्रोत से बंध जाता है, तब जान जाता है कि कवि धर्म क्या है और क्यूँ वही चाँद, वही नदी का किनारा, वही गुलाब का फूल समय परिवर्तन के साथ एक नये अनुभव को जन्म देता है।

पिता नहीं रहे, माँ भी चली गयी, एक अकेलापन जीवन में समा गया। एक ऐसा शून्य जो कभी भी भर नहीं सकता। कोविड के प्रकोप ने फिर एक बार चेताया : क्या है महत्त्वपूर्ण जीवन में अन्ततोगत्वा? पर वीत-राग जैसे क्षणिक ही रहा। सब कुछ पहले जैसा ही हो गया। बुद्ध ने बस एक बार देखा और समझ गये। हमारी चेतना पर बार-बार चोट होती है पर परिवर्तन नहीं होता। क्या हम स्वयं ही अपने दुखों के लिए जिम्मेदार नहीं? बाह्य चक्षुओं का कोई महत्त्व नहीं, केवल अन्तर्चक्षु सही रूप में देख पाते हैं—वही देखना है, जिसे उस तपस्वनी स्त्री ने टैगोर को इंगित किया था। वही दृष्टि थी बुद्ध की भी! वही दृष्टि कविता की प्रेरणा है!

आशा है, पाठकगण इन कविताओं को स्वीकारेंगे। अगर इनका अध्ययन आनन्द देता है, एक प्रश्न उपजाता है, एक नया मन-चित्र बनता है, तो मुझे लगेगा कि मेरा प्रयास सफल रहा। बस इतना ही।

अनुक्रम

मोहक भ्रम

न लिखूँगा
तो जियूँगा कैसे
कैसे समझूँगा
उस अस्पष्ट से फैले अँधियारे को
जो धीरे-धीरे धमनियों से बहता
जकड़ रहा है
हाथों को
पैरों को
उँगलियों को
यूँ कि अवरुद्ध हुई
देख नहीं पा रहीं आँखें
क्षितिज के पार
सुन नहीं पा रहे कान
रोशनी में आने को छटपटाती
पत्तियों का क्रन्दन।

कैसे समझाऊँ
इस अँधियारे को
कि उसका आगमन
स्वीकार तो नहीं किया कभी
पर वो कभी भी दरवाज़ों

और खिड़कियों की झिरियों से
कैसे और कब चला आया
पता ही नहीं लगा।
दिन रात चौकसी में
खुली आँखें
कब मुँद गयीं
जान ही नहीं पड़ा
तो क्या मेरी आँखों का मुँदना
और अँधेरे का आना
प्रारब्ध था?
कि मैं फिर
लौट लौट कर
अज्ञानता के भार को
अस्पष्टता को
अपने ही आलस्य
और अकर्मण्यता का कारण मान
स्वीकारूँ?

लिखूँ ... लिखता रहूँ
कि कोई शब्द अपरिचित लाँघें न आँगन
कि कुछ भी देखूँ
देखता रहूँ
कि हृदय रूप में छुपकर कोई
आ न जाये भीतर
सोचूँ
सोचता रहूँ
कि कोई विचार
आकर्षण से खिंचा

विभ्रमित न कर दे
सतह की चमक में!

पर जब
शब्द, दृष्टि और मन
मुस्कुरा कर
अपनी स्वायत्तता का
उद्घोष करते हैं
कि हम हैं
तो लगता है
कि जो लिखा, देखा
सोचा
वो सतही हलचल थी
भीतर गहरे में
कुछ भी नहीं पैठा
कुछ भी नहीं बदला
रूप, दृश्य और भाव
करते रहे नयी-नयी वेशभूषाओं में
नृत्य लुभावने।

साँझ की बेला जब बैठी
थकी थकी
छत की मुँडेर पर
तब और तब
जाना कि आकाश में बिखरी चमक
जो चितेरी लगी
वो भ्रम था
सत्य तो था कहीं अपने ही पास
बहुत पास।

सृजन के क्षण

(1)

कविता–
तू मुझे ढूँढ़ती है अब
और मैं आँखें चुराये
छुपता जाता हूँ
कभी सीढ़ी के नीचे
कभी पलँग के पीछे
कभी एकान्त कोने में
तो कभी अपरिचितता का बोध देता
कि मैं वो नहीं हूँ
जिसे तुम ढूँढ़ती हो।

(2)

कविता–
तू शब्दों को छितरा दे बादलों पर
उड़ने दे उन्हें आश्रय-विहीन
देखने दे उन्हें
विविध रंगों के फूलों को
कल-कल बहते झरनों को
और वीरान रेगिस्तान में
धूल भरे अन्धड़ों को

फिर फेंक दे उन्हें
अन्तहीन विस्तार में
कि भागें कभी वो
डूबते सूरज के पीछे
तो कभी चाँदनी के
नर्म पंखों पर उड़-उड़कर
ख़ूब हँसें
और समझें
स्वयं अपने अर्थ!

(3)

कविता–
समझने बूझने दे शब्दों को
कि विभक्त हुए संसार में
कहाँ है मर्म?
कहाँ है वो धरा
जहाँ प्रेम अंकुरित हो
विकसित होता है
सुवासित होता है!

(4)

कविता–
मत फँसा अभी मुझे
शब्दों के विन्यास जाल में
आ तभी तू मेरे समीप
जब शब्द तुझ में डूब जायें
और तू शब्दों में
फिर उभरें समवेत स्वर
गीत माला बन
मेरे अन्तर में!

सखा मेरे : स्वप्न अनन्त

आँखें बन्द किये
देखने दो स्वप्न
अनन्त स्वप्न
बीतें नहीं
जो कभी।
कहने दो उन्हें
देने दो उलाहना
कि स्वप्नों से भी भला
जी सकता है कोई?
करो मत उसका अनुसरण
अव्यावहारिक है वो
जानता नहीं दौड़ना
इस गतिमय संसार के
साथ-साथ।

पढ़ो निबन्ध ... पुस्तकें
कि व्यावहारिक
कैसे हो सकते हैं?
कैसे पा सकते हैं

पैसों की ढेरियाँ
कार, मकान, महल?
कैसे उड़ सकते हैं
हवाई जहाज़ में
कर सकते हैं
दूरदराज़ देशों की यात्रा?

भर जायें जब भीतर
आकांक्षाओं के प्रेत
और पा जाओ जब
अथाह सम्पत्ति
तो अपने अकेलेपन में
करो उन प्रेतों से बातें
जो उत्पात मचाते
देखने नहीं देंगे तुम्हें स्वप्न
भागोगे भी तो दबोच लेंगे
भींच देंगे आँखें
बाँध देंगे हाथ
और भर देंगे गले में
रत्न, मोती, कंचन
कि तुम बोल न सको।

बीत जायेगा जीवन
न आयेगी बसन्त
न गायेगी मैना मल्हार
न चहकेगी भीतर से
प्रेम चिरैया।

नहीं बनाओ ऐसा अकिंचन प्रभु
कि अपने ही भीतर उठते
आनन्द स्रोत में
भीग न सकूँ
स्वप्न – अतीव स्वप्न
रहो मेरे सखा तुम
जीवन पर्यन्त!

कभी जब मन हो उदास

आज बहुत उदासी है
दिन बीतता नहीं
मन
क्यों नहीं तुम हाथ पकड़कर
ले जाते वहाँ
जहाँ कई सालों पहले
दुपहरियाँ छोटी होती थीं
और सरसों के खेतों में चलती
पीली पीली हवा
उबटन कर भीतर के मैल को
हटा देती थी।
तब चमकता चेहरा
हँसती आँखें
देखती थीं पास की छोटी नाली में
पंख फड़फड़ा कर नहाती
काली-सफ़ेद चिड़ियाएँ
और शाम
धीरे-धीरे
प्रेम की अधीरता को
आकाश में
बिखेर देती थी।

कितना कुछ तो हो रहा है
इस कलयुग में
तो क्या मन
बना नहीं सकते
समय के तिनके बीन
एक झूले का पुल ही
कि मैं भी चल सकूँ वहाँ
थामे हाथ तुम्हारा
कभी जब मन हो उदास।

मन का सुख

मन
क्या रह भी पाते हो कभी अपने ही मन में
अपने पास, अकेले?
कितनी ही कहानियाँ
कितनी ही कल्पनाएँ
कितनी ही बार
दिन में ... रात में
ले जाती होंगी पेड़ की छाँव में
गाँव में,
गलियारों में,
सड़कों पर,
छत पर,
किसने कब क्या कहा
क्या किया
किसने प्रेम किया
विश्वास किया
घृणा की
क्रोध किया
किसका छलावा भीतर काँटे सा पैठ गया
बिम्ब, सत्य, तस्वीर, वस्तु
दिखता सारा संसार

उभरती नयी नयी बातें
कविताएँ, गीत या चित्र
तुम्हें चक्रवात की तरह
घुमाती होंगी
कभी तुम न चाहते होगे
तब भी मन्दिर में बैठे
कहती होंगी :
पूजा करो, आरती उतारो, ध्यान करो।

मन कभी क्या
अपने पास रह पाने का
क्षणिक सुख भी
देखा है तुमने?

अन्तर पीड़ा का बोध

हाथ पैर मारो शब्दों
न जाने कहाँ से उड़ते-उड़ते
मिल जाये कुछ
वरना कहीं करेंगी पत्तियाँ क्रन्दन
तो कहीं फूल
तो कहीं सड़कों पर बिखरी और
पेड़ों पर लदी
वो कहेंगी :
चाहो तो रंग लो पीत वर्ण से
और घूमो सारे वातायन में
कि चिड़ियाएँ और तितलियाँ
बौराई सी तुम्हारे
पीछे-पीछे भागें
और एक गीत बन जाये!

नहीं शब्द
कहीं भीतर
बहुत भीतर से
उकेर कर लाना चाहते हो कुछ
इस स्वर्णिम सुबह

तो जाओ अँधेरों की
अनन्त गहराइयों में
मौन
और सुनो बाहर का कोलाहल
ढूँढ़ो
उस अँधेरे में
भीति-चित्र
कुछ न दिखे
और व्यथा असीम हो जाये
तो चुप मूँद लो आँखें
कुछ देर ... बहुत देर
और फिर खोलो पलकें
धीरे-धीरे
और देखो
क्या बाहर कुछ बदला?
क्या कुछ भीति-चित्र उकरे?
क्या चुपचाप बैठी एक पत्ती ने
वही कहा
जो सागर की लहरों ने लोट-लोट कर कहा?

शब्द
क्या अपने भीतर उठती पीड़ा
को समझ जाना ही
कविता है?

साधो होली खेलन आओ!

साधो होली खेलन आओ
हरे रंग की गागर थामे
लाल अबीर लगाओ
पीत किरन से भर पिचकारी
अलख निरंजन गाओ
साधो होली खेलन आओ!

अब न बच्यो रंग जब बरसे
बन से मन-घर आओ
विविध भाँति के रंग भरे हैं
आतम रंग सराहो
साधो होली खेलन आओ!

एक पत्ती ने झाँका

पहले तो एक पत्ती ने
खिड़की से भीतर झाँका
फिर आयी एक टहनी
फिर एक फूल
और कुछ समय बाद
पूरा पेड़ ही कमरे के भीतर
आ गया।

बड़ा विचित्र हो गया जीवन
वो पेड़ जैसे कभी सोता ही न था
दिन में उसके पत्ते हवाओं में
ताली बजाते रहते
और रात में खिले फूल
सुगन्ध बिखराते रहते
कभी मैं कमरे से बाहर निकलता
तो झुकी हुई टहनियों को
ऊपर कर, सिर झुका के निकलना पड़ता।

वो पेड़ धीरे-धीरे बड़ा भी होने लगा
जहाँ भी जगह मिली

वहीं वो फैलने लगा
कहीं कोई कोना कमरे का ख़ाली न रहा।

वो भी औत्सुक्य से खिड़की के बाहर
उगते सूरज को देखता
और मैं भी
चाँद मुझे प्रिय था
तो उसको भी कम नहीं
पत्तियों पर जब उसके
चाँदनी चमकती
तो वो जीवन्त हो उठता था।

उसको यूँ देख
मेरी नींद भी कम होने लगी
कभी भी रात में उठकर
बैठ जाता
और सोचता रहता
कभी सोचना सहसा
रुक जाता
और जहाँ टहनियों की चुभन थी
वहाँ एक शून्य सा बन जाता
कभी वो सुखद होता
तो कभी सालता
बाहर-भीतर!

पर उसकी टहनियों की चुभन भी मुझे
धीरे-धीरे
भाने लगी

उसकी पत्तियों की सरसराहट
संगीत उपजाने लगी
और फूल तो जैसे
अपने आत्मीय से हो गये।

वो न जाने किस भाव में जीता था
जब सावन आता तो वो
सारे वस्त्र उतार ख़ूब नहाता
कि हर कोने में जमी धूल
धुल जाये
फिर नवीनता का आभास लिये
गर्व से तन कर खड़ा हो जाता।

बसन्त में तो उसकी प्रसन्नता
देखते बनती थी
ऐसा लगता जैसे उसने अपने
चारों तरफ़ फूल सजा लिये हों।
एक स्मित हास
निरन्तर उसके
चारों ओर बिखरा रहता।

फिर पतझड़ आती तो सारे फूल बिखर जाते
पत्तियाँ झड़ जातीं
पर वो मौन
साक्षी बन
स्वयं को देखता रहता।

मैं समझ नहीं पाता था
कि कैसे वो

असम्पृक्त हुआ
ऋतु परिवर्तनों को
यूँ अनायास ही
समाहित कर लेता था।
मेरे भाव पर बदलते रहते
एक ही दिन में
कभी तो कुछ क्षणों में ही
पीड़ा, प्रेम, क्रोध, स्नेह उमड़ता
तो कभी
अकिंचनता आ ग्रसती
और मैं
न जाने किस अवसाद में घिरा
अपनी आकांक्षाओं का बोझ लिये
चिन्तित रहता।

तब पेड़ एक विचित्र दृष्टि से
मुझे देखता ... आरपार भेदती चितवन!
मैं छुपा नहीं पाता
कुछ भी
मन के कोई भी भाव
एक लघुता सी अन्तर को छू जाती
बार-बार जैसे वो कहता
क्या अपनी ही बनाई वस्तुओं
और कल्पचित्रों से
खोते नहीं जा रहे पल-छिन
दिन, वर्ष और जीवन?

धीरे-धीरे सब बदलता गया
उस पेड़ के पास

कुछ और पेड़ आ गये
मेरे घर के दरवाज़े
खिड़कियाँ
दीवारें
विलुप्त हो गये
और एक विशाल जंगल
चारों तरफ़ फैल गया।

उसके और मेरे बीच का भेद
अब मिट गया
ऋतु परिवर्तन होता तो
हम हँसते
या मौन हुए
वेदना को सहते
पर भीतर
बहुत भीतर
अन्तर्रस निर्विघ्न बहता रहता!

वसुधैव कुटुम्बकम्

गौरैया आओ
पास बैठो या बैठो अमरूद के गाछ पर
अमरूद भरे पड़े हैं
कुतर-कुतर कर खाओ
डरो मत स्वतन्त्र हो तुम
उड़ो - बैठो - गाओ - बतियाओ।
हाँ गौरैया अमरूद खाके जब मन ऊब जाये
तो आम खाओ, पपीता खाओ, शरीफा खाओ
ख़ुश रहो ऐसी
कि तुम्हें देख
मुझे भी लगे कि मैं भी उड़ूँ
बैठूँ पेड़ों की डालों पर
और झूलूँ।

गौरैया बुला लो अपने सभी
सखा - मित्र - पास-पड़ोस वाले
सब मिल जुल कर
गाओ या चिल्लाओ
नहाओ पानी के हौद में
पंख फड़फड़ाओ

और ख़ूब करो हुड़दंग
कि ऐसा लगे जैसे कोई उत्सव हो रहा हो।

गिलहरियाँ भी यहाँ हैं
कौआ भी कभी-कभी आता है
मैनाएँ भी, तोते भी
और एक शैतान बन्दर भी
तुम भी रहो
कहो क्या कहती हो?

गौरैया क्या तुम्हारे में भी
कोई हिन्दू, मुसलमान या
ईसाई है
याकि कोई ब्राह्मण या शूद्र?
गौरैया एक दिन मैंने तुम्हें देखा था
एक झुण्ड में चैं चैं करते हुए
लड़ रही थीं
या
खेल रही थीं ... मालूम नहीं
मत दो कोई उत्तर
मैं समझ गया
गौरैया तो बस गौरैया ही होती है
उसका कोई धर्म थोड़े होता है
जाति भी नहीं होती
जब कौआ आ सकता है
उल्लू आ सकते हैं
तो तुम क्यूँ न आओ

तुम किसी भी धर्म की हो
किसी भी जाति की हो
पर जब चहकती हो
तो अच्छा लगता है।

ये बगीचा बस कहने भर को मेरा है
ये पौधे, पेड़
फल और फूल
हवाओं से भी कुछ लेते हैं
सूरज भी उन्हें सहेजता है
मिट्टी देती है उन्हें मिठास
उन सब पर मेरा तो कोई अधिकार नहीं
इसलिए करो मत संकोच
खाओ जी भर के सारे फलों को
थक जाओ तो आराम करो
कोई कुछ नहीं कहेगा
पूछेगा नहीं
कि किस मस्जिद में
सजदा किया था?
क्या बैठी थीं
मन्दिर के कंगूरे पर भी
या
चर्च में बेंच पर बैठे
कोई प्रार्थना की थी
यहाँ इस हवा में
किसी का नाम नहीं
फैले हुए इस विस्तार को
किसी ने बाँधा नहीं

संकीर्ण दीवारों से।

आर-पार ये दिखता विस्तार
ऋणी है पर क्षितिज का
रोज़ सवेरे उगते सूरज का
जो ऊबता नहीं
भेदभाव नहीं करता
रूठता नहीं
छूता है हर रोज़
सभी को
उसी अम्लान प्यार भरे हाथों से।
तुम तो गौरैया हो बस ये जानो
और करो विचरण
इस विस्तार में
निर्विघ्न
निर्बाध!

माँ

(1)

मैं पहाड़ों की ढलान से उतरकर
आज ही पहुँचा हूँ माँ!

वहाँ चढ़ते चढ़ते अचानक तुम्हारी
बहुत याद आयी
कि तुमने कहा था इकदिन :
'मैं होती इक चिड़िया
और बस उड़ती रहती
दूर दूर तक
बिना किसी बोझ के
अकेली ... स्वतन्त्र!'

न जाने वह बात मुझे
क्यूँ भा गयी इतनी
कि मैं एक उत्सुक बालक की तरह
भटकता रहता हूँ
पहाड़ों में
घाटियों में
नदियों और झरनों के किनारे

घूमता घूमता
ताकता ... टटोलता
कभी निहारता
तो कभी डबडबी आँखों से
अपने को ही खोजता
खो जाता हूँ ...
पर थकता नहीं!

बचपन में
शीशम की झूलती डालियों के
नीचे बैठे
या कि
नीम पर झूला डाल
ऊँची ऊँची पेंगें बढ़ाते
आसमान छूने का मन करता था
आज भी
वैसे ही मन
नीले आकाश पर
उड़ते बादलों
और सफ़ेद चिड़ियों को
क़तार बाँध
दूर दूर तक देखता है
और सोचता है
कहाँ गयी होंगी वो?

माँ!
जब कढ़ाई करते करते
चुक जाता था धागा किसी रंग का

रुक जाते थे कढ़ाई करते तुम्हारे हाथ
तो मैं ढूँढ़ता ढूँढ़ता बाज़ार का कोना-कोना
ले ही आता था
वो रंग
फिर जब देता था
उसे तुम्हारे हाथों में
तो लगता था कि जैसे मैंने
आसमान में बिखरे
असंख्य रंगों में से
ढूँढ़ निकाला हो
वो रंग
जो तुमने चाहा था
कि अब
कर पाओगी तुम
उस अधूरे चित्र को पूरा!

माँ
कैसे छोटा-सा
स्वप्न संसार था वह
जो तनिक चेष्टा से ही
अपना हो जाता था।

यहाँ ऊँची पहाड़ियों पर
मुझे दिखे थे
अनेक रंग
जिन्हें बटोरते बटोरते
अघाता नहीं था मन
एक मोह, बालक की तरह

भर लेना चाहता था
ठूँस-ठूँस कर जेबों में
सारे ही रंग
कि कोई छूटे नहीं
इतने ... कि कभी रीते नहीं
और
चाहूँ जब तो उकेर दूँ
उन्हें अपने चित्रों में!

कुछ भी तो नहीं बदला है माँ
बस बीच में कुछ समय गुज़रा है
कुछ मेरे बाल उड़े हैं ... सफ़ेद हुए हैं
पर आज जब पहाड़ों से
उतरा हूँ
तो लगता है
वो सारे रंग
तुम्हारी झोली में डाल दूँ
और उनमें से
निकाल निकाल कर
बुनो तुम मेरे लिए
एक रंग-बिरंगा स्वप्न
कई रंग-बिरंगे स्वप्न
फिर मैं एक बालक की तरह
दौड़ूँ और शीशम की झुकी डालों पर
झूलते झूलते कहूँ :
हाँ पा तो लिया है माँ
इस जीवन में मैंने
सब कुछ!!

(2)

अपने आँगन में जब मैंने
बेला का एक छोटा पौधा लगाया था
तो मुझे मालूम था
बढ़ेगा वह धीरे-धीरे
दीवार का सहारा ले
और एक दिन
उसकी फुनगियाँ
खुले आकाश में झूलेंगीं
खिलेंगे उसमें सफेद महकते फूल !

मेरी माँ तब आंगन में बैठती थी
बेला के पौधे ने उन्हें देखा था।

बेला का पौधा अब बड़ा हो गया है
छा गया है दीवार पर
वैसे ही जैसा मैंने सोचा था
उसकी फुनगियाँ हवा में
झूलती हैं गाती हैं
और उन पर खिले सफेद फूल
महकते हैं।

मेरी माँ अब नहीं है
पर बेला के फूलों की महक
ऊँचे आकाश में उठ रही है
ये जानने कि अब
वो कैसी हैं ?
कहाँ हैं ?

रस-रम्य

इस अँधेरी वीथिका में
नूपुर खनकते हैं
कौन है जो चुप बैठा
कुछ कहता है
शब्द नहीं
संगीत में स्वप्न बुनता है।
चित्र-विचित्र रूप
विविध राग रागनियाँ
भाँति-भाँति के रस
जीवन्त हुए घूमते हैं
रस-रम्य हुआ अन्तर निर्झर
आत्म विभोर हो
कृपा सागर में
आकण्ठ डूब जाता है
करता नहीं कोई प्रश्न।

लिखूँगा तब मैं एक कविता

लिखूँगा मैं कविता
तुम्हारी आँखों पर
होठों पर
बिखरे बालों पर
पर बीत तो जाने दो
इस धूप से भरे खुले दिन को
शाम को
आहट तो आने दो
रात्रि के पदचापों की!

कितना समय बीत गया
जब नयी सुरमई पत्तियों से
सारा जंगल भरा था
और तुम्हारे हाथ आकाश से उतर कर
सुर्ख लाल पलाश के फूलों को
प्यार से सहेजते थे
विस्फरित आँखें जैसे थकती नहीं थीं
आश्चर्यों के अनिर्वार प्रकटन से
दिन बीत जाते थे
रात बीत जाती थी
ऋतुएँ और साल बीत जाते थे

अथक पलकें
किसी की बाट जोहा करती थीं
लौट आयेंगी वो आँखें
जब मेरी आँखों में
लिखूँगा तब मैं कविता
तुम्हारी आँखों पर!

जब पहाड़ों के पीछे से उठते बादल
रुई के ढेरों से फैल जाते थे
और फिर शाम की किरन
लाल, गुलाबी और सुनहरे रंगों की कूचियों से
उनके किनारे रंगती थी
तब तुम्हारे होठ अवाक्
स्मित खुले
सारा आकाश बन
धरती को चूमना चाहते थे!
फिर वो होठ अपनी वृहदता
मेरे होठों में भर दें
थमीं रहो तब तक
लिखूँगा अवश्य
मैं एक कविता
फिर
तुम्हारे होठों पर!

कितना समय बीत गया
जब घने जंगल की तरह
विस्तार में दूर तक फैले तुम्हारे लम्बे बाल
मेघ मल्हार गाते थे
और चाँद रात भर

उस विपुल केश राशि को
अपने हाथों में उठाये
उलझाता सुलझाता
जागता रहता था
फिर बिखर जाने दो उन बालों को
आकाश के इस छोर से उस छोर तक
सागर के इस किनारे से उस किनारे तक
हो जाने दो निस्सीम!
लिखूँगा तब मैं एक कविता
तुम्हारे बिखरे बालों पर!

उतर आने दो
धूप को बादलों से
भर जाने दो मन में प्रेम की अनन्त चुभन
बिखर जाने दो सोपानों पर
धवल, निर्मल, अविरल, अनहद नाद को
लिखूँगा तब एक कविता
तुम्हारी स्वप्निल आँखों पर
जीवन्त होठों पर,
और
निस्सीम फैले
काले बालों पर भी!

सुबह की पदचाप

सुबह की पदचाप न सुनूँ
तो दिन कैसे बीते
आहट हो तभी तो झाँकूँ
कि किस उत्सुकता से
सूरजमुखी का फूल
सुदूर उभरी लालिमा को
एकटक देख रहा है
और लजाई बेला की कलियाँ
अपना ही रूप देखने को आतुर हैं!

सुबह की पदचाप न सुनूँ
तो कैसे तोड़ूँ
अपने बीते कल को
सुनूँ
कोयल के कलरव को
जानूँ
कि आज मन
कहाँ कहाँ भटकने को आतुर है
रोकूँ उसे कि
यायावरी करने दूँ!

सुबह की पदचाप न सुनूँ तो
धूप में अपनी बढ़ती परछाईं को
और पेड़ों की छाँव में बैठने का सुख
कैसे जानूँ?

हर पल
हर दिन
आते जाते
भूले बिसरे ही
छोड़ता जाता है
'कुछ'
इस अन्तर आयाम में
मोह भी होता है
क्षोभ भी
कभी आँखों के आगे
धुँधलका भी घिर आता है
वो तो नेपथ्य से कोई
बार-बार आगाह करता रहता है
कि जाग जाता हूँ!

सुबह की पदचाप न सुनूँ तो
इस मोही मायाजाल से
कैसे बचूँ?
और
कैसे देखूँ
हर रोज़
नये उगते सूरज को?

मन डूबते क्यों नहीं?

विपुल जलराशि
अपार तरंगें
मन डूबते क्यों नहीं?

दूर तक बिखरी है नीली छटा
नयनाभिराम ...!!
दृश्य अदृश्य को भेदता
गहराइयों में पैठता ...मौन
मन डूबते क्यों नहीं?

देखते नहीं कैसे हवा
लहरों की वेणियाँ गूँथे
चाँदनी के असंख्य
पुष्पों का गजरा बाँधे
ठुमकती चलती है
धीरे-धीरे
पर उसकी थाप
गूँजती है रात की नीरवता में
कैसे बैठे रहते हो
किनारे फिर भी बोलो
डूबते क्यों नहीं मन?

सागर है वह तो क्या हुआ
कहता तो है वो भी कुछ
बार-बार
किनारे पर बनाकर आड़ी तिरछी रेखाएँ
...आकृतियाँ
...चित्र
निस्सीमिता से उभरे
नि:शब्द प्रसंग!
समझो उन्हें शनैः शनैः
बैठो और सुनो
रात्रि में
नूपुरों की झंकार
और अतीव व्यथा का क्रन्दन
जो गूँजता है अजस्त्र कालिमा से
नभ तक...तुम तक!

बस किनारे की रेत पर पदछाप छोड़कर
चल दोगे इस बार भी
डूब क्यों नहीं जाते मन
अभी
यहीं?

याद पिया की आये

सुबह हो गयी है
आँखें खोलो और देखो
बाहर कबूतरों के झुण्ड को
अपने घर की दीवार पर झूलते
मधुमालती के गुच्छों को
मूढे पर बैठो
चाय पियो
फिर मैदान में घूमो ... दौड़ो
या बग़ीचे में किसी बेंच पर बैठ
आते जाते लोगों को देखो
और उकता जाओ तो
बाहर दुकान से
नारियल का पानी पी लो
फिर भी ख़ाली-ख़ाली लगे
तो घर वापस जाते हुए
कुछ सोचो उसके बारे में।

दूर-दूर तक घूमने जाओ
शहरों के बीच से निकलो
गाँवों, बस्तियों और खेतों को देखो

लोगों को देखो
उनकी चिन्ताओं को, क्रोध को
हँसने को ...रोने को
सब देखो
फिर जब थक जाओ
और बैठो किसी दुकान पर चाय पीने
तो कुछ पल ही सही
उसे याद करो।

चलते रहो पगडंडियों पर
मिलो पेड़ों से
घनी हरी पत्तियों, धूल, पत्थर
और चट्टानों से
कहीं सपाट मैदान में चलो
चलते रहो
रेगिस्तान की चिलकती रेत पर
पर जब प्यास लगे
और तनिक छाँव मिले
तो बैठ जाओ
पानी पियो
विश्राम करो
पर इसी बीच
उसे भी याद कर लो
तनिक!

रात आये
छाये बाहर सन्नाटा
तो भीतर आओ, बैठो, पढ़ो-लिखो

बातें करो
खाओ पियो
पर जब स्वप्नों के बादल
आँखों पर छायें
और यकायक अकेले हो जाओ
तो उसे भी
अपना सखा मान
आमन्त्रित करो
बैठाओ
बतियाओ।

वो चलता है तुम्हारे साथ-साथ
हर क्षण
हर पल
भोर में
दिन में
रात में
ऋतुओं में
बरसात में
सुख में
दुख में
हँसता है ...मुस्कुराता है
सान्त्वना देता है
देखो जब अनमना हो मन
लगे ऐसा
कि कुछ छूट गया हो
कहीं कुछ भूल गये हो
इस लम्बे रास्ते पर चलते-चलते

तब कुछ पल ही सही
बैठ जाओ
पास के पेड़ की छाँव में
या
कोरी सपाट
ज़मीन पर ही
और देखो नीले आसमान को
कैसे निरन्तर वो तुम्हें
निहारता है
अधीर हो तब
पुकारो उसे
कई बार
बार बार!

मैं ही बौरी बिरह बस!

संवाद

चीन्हा किसने आज मन
कि आ बैठे सवेरे ही
आँगन की डोली पर
बसन्त तो गयी कब की
बाट जोहते जोहते तुम्हारा
करती-करती चिहुँ चिहुँ
वो छोटी फुदकती चिड़िया भी चली गयी
तुम्हारे सभी संगी साथी
झाँकते रहे खिड़की की झिरी से
कि होंगे किंचित दर्शन!

आज तो सवेरे से ही
चिलक़ती धूप
निर्भीक घूमती है
आ धमकेगी थोड़ी ही देर में वो
दरवाज़े की दहलीज़ पर
तब भागोगे छोड़ घर
बरगद की छाँव में!

प्रत्युत्तर

पर हो कौन तुम जानने को
इतने उत्सुक
सखा हो या जलते हो ...
बैठो तुम भी
अगर चाहो तो
पर यकायक मुस्कुराऊँ
तो कोई और अर्थ नहीं लगाना!

प्रेम... कतई नहीं
वह तो बन्धन है
पास आओ और सुनो
पर कहना मत किसी और से ये बात
कल रात मेरा घर
धीरे-धीरे, उठता-उठता
आकाश छूने लगा
और चाँद
मेरे घर की छत पर
भरपूर चमकने लगा
फिर किया भ्रमरों ने गुंजार
गीत गाये परियों ने
और भोर में
मोगरे की कलियों ने हँसकर कहा
'अब हुए हो सही में पागल!'

चित्त विचित्र हो गया है सखा!
आकर्षणों का अम्बार है
मन थामें नहीं थमता
तभी बैठा हूँ बाहर सवेरे सवेरे
जानना न चाहोगे
क्या कुछ और?

बैरन भईं अँखियाँ

चला था इस पथ पर यह सोचकर
कि कैसे इस छोटे से जीवन में समेटूँगा
इस क्षुधा को
विस्तृत हुई जो
पहाड़ों, रेगिस्तानों, जंगलों
और नभ के इस छोर से उस छोर तक फैली
आमन्त्रित करती है।

आये काँटों भरे रास्ते
तीखे, नुकीले पत्थर
और फिसलन भरी
विशाल चट्टानें
रीतियाँ-कुरीतियाँ
सच-झूठ
विश्वास-अविश्वास
मोह भरी मरीचिकाएँ
उपहास करती भीड़
कुहासे में छुपे सम्बन्ध
गहन व्यथा...।

पर क्षुधा के वृहद आयाम में
सब विलय हो गये
और मैं
चलता रहा, चलता रहा
एक विचित्र आनन्द
देह और मन में
धीरे-धीरे
रिसता रहा।

ऐसे ही कभी जब थककर बैठा
तो न जाने किसने क्षीर भरा पात्र
रख दिया मेरे सन्मुख
क्षीर मीठी थी
मधुर थी
प्रिय थी
और चाँदनी भरी रात्रि में
अतीव सुख भी देती थी
ऐसा सुख जो मोहित नयनों से
कहता था :
'थक गये हो चलते-चलते
थोड़ा ठहर जाओ।'

कहीं मन के बहुत भीतर
ठहरने का सुख
क्षीर की मधुरता का आभास
भाने लगा।

धीरे-धीरे वह ठहराव बढ़ता गया
सुख बढ़ता गया
आनन्द बढ़ता गया
मन गीत गाता था
रचता था पत्थरों में
सुन्दर-सुन्दर चित्र
नृत्य... नृत्यांगनाएँ
विभिन्न भंगिमाएँ
जैसे
सब ओर बसन्त ही बसन्त
फैली रहती थी।

मालूम ही नहीं चला
कब टप-टप सुधा घट से
रिसती रही बूँदें
और
निर्वात हो गया घट!
धीरे-धीरे फिर
मिटते गये चित्र
रीतते गये गीत
नृत्य की विधाएँ
पर आनन्द
मोह की कारा में घिरा
फिर भी सुख देता रहा।

एक दिन आये काले बादल
घुप्प अँधेरा घिर आया

छुआ ऐसे में जैसे किसी ने अचानक
बोली उपहास भरे स्वर में
जैसे हो कोई बैरन :
कहाँ गयी तुम्हारी ... वो
क्षुधा अनन्त?

मैं क्या कुछ भी नहीं?

रेगिस्तान में फैला
नि:शब्द शून्य
अपने को तलाशता
कभी प्यास बन
ऊँट के पीछे-पीछे
सैकड़ों मील चलता जाता है
कभी रेत के बवंडर में
टीलों में डूबे अपने अतीत को
खोजता
थक कर
फिर नये-नये टीले
बनाता जाता है।

कैसी विडम्बना है
कि अपने को पहिचानना भी
पहिचानों के भ्रमों में छिपा
छलियाता रहता है
वो न दिखता है
न बोलता है
समय बीतता जाता है

पर प्यास कम नहीं होती
कभी मरुद्यानों के पास
छिपकर बैठी जिज्ञासा
पहिचानों के इंगित गढ़ती है
पर कुछ देर ही में
मिट जाते हैं सभी आभास
फिर प्यास विदीर्ण हो
विक्षिप्तता ले आती है।

क्या अर्थ है मेरा
मेरे लिए ही?
एक शून्य तिरता-तिरता
जैसे पूछता है।
'कुछ भी नहीं!'
मुट्ठी में बन्द रेत
उँगलियों के सूराखों से
बाहर निकलते-निकलते कहती है।

रेगिस्तान में छिपी
स्तब्धता
अपने ही भीतर खिंची दूरी पर
बैठी-बैठी
प्रश्न हो प्रश्न उकेरती रहती है।

हथेली पर खिली धूप

उन दिनों वो धूप
मेरी हथेलियों पर
अनायास बैठ जाती थी
मैं उन धूप भरे हाथों को
अचम्भित देखता
और हाथों में फैली उन रेखाओं को भी
जो चुपचाप उस धूप में लेटीं
मुस्कुराती थीं।

धूप मेरा हाथ पकड़ कर
गली गलियारों से बाहर
घास के लम्बे मैदानों में
तो कभी नदी के लम्बे रेतीले किनारों पर
पहाड़ों और झाड़ियों में
दौड़ती ले जाती थी।

हर दिन एक नयी जगह
नयी उमंग के साथ
उसका यह साथ
पागल कर देता था।

फिर आयीं
सर्दियों की रातें
गर्म रंगीन वस्त्रों को ढूँढ़ते
हाथों के दस्ताने
और सिर पर टोपी तलाशते
बाज़ारों में फिरते रहे
न जाने कितनी चीज़ों के अम्बार
मेरी अलमारी में भरते गये।

फिर आयीं गर्मियाँ
आया सावन
और फिर बसन्त
नये-नये स्वप्न
नये रूपों में आते रहे
इच्छाएँ विभ्रमित हों
हथेली पर फैली धूप में
भाग्य रेखाओं को देखने लगीं
क्या पाया?
कितना पाया?
कहाँ पहुँचे?
किसको पीछे छोड़ा?
यूँ बीतते गये दिन
कई दिन
कई वर्ष।

आज जब छत पर बैठ
हाथ धूप में फैलाये

तो देखा :
हाथ की रेखाएँ
बड़ी लम्बी सड़कें बन गयी हैं
आड़ी, तिरछी
जगह-जगह छितरीं
सारी हथेली पर फैलीं–एक जाल की तरह
और इच्छाओं के प्रेत दौड़ रहे हैं
इन सड़कों पर
चिल्ला रहे हैं।

धूप अब हथेलियों पर नहीं बैठती
कुछ कहती भी नहीं
आती है बस छत की मुँडेर तक
अन्यमनस्क सी
और शाम होते ही
चली जाती है वापस
चुपचाप।

आश्चर्य और प्रेम

आज बहुत सुबह
कुछ बूँदें बरसी हैं
शायद बर्फ़ भी पड़ेगी?
तो क्या हुआ अगर थोड़ी बरसात हुई भी
और कहीं बर्फ़ पड़े भी तो?
ऐसा तो अक्सर होता है
इसमें आश्चर्य क्या?

काले पहाड़ों पर
चीड़ और बाँझ के पेड़
कुछ देर तो थामे रहते हैं
उगते सूरज के वेग को
पर उलझता नहीं सूरज उनकी टहनियों में
और अचानक धूप कमरे में
बाहर आँगन में
आँगन के बाहर बग़ीचे में
घास पर
बैठ जाती है
चिर-परिचिता सी।

चमकता चमकता सा
आँखों को एक सुखद भाव में मूँदता
अपने ही भीतर कोई
स्वयमेव
आनन्दित होता है।

यूँ मानो तो
कहीं कोई आश्चर्य नहीं
देखने ही की तो बात है
पर अनायास ही जो दिया है
जीवन को अनिर्वार
इन पहाड़ों ने
हवाओं ने
सुबह के सूरज ने
और इन सबके साथ ख़ुश होते
गुलाब के फूल ने
क्या उन्हें
अन्तर्मन
स्वीकार भी नहीं करे?

देना अयाचित
स्वमेव ही...
क्या प्रेम नहीं?

मुझे अच्छा लगता है जानना
कि आज सवेरे बारिश हुई थी
आज कहीं बर्फ़ पड़ेगी
आज नदी में पानी बढ़ेगा

क्योंकि
अपेक्षा नहीं...विश्वास है
कि आज दिन में
या कभी
किसी और दिन में भी
जब कोई नहीं होगा
तो भी खिलती धूप बैठी होगी
कहीं मेरे आस-पास...चुपचाप
अकथनीय अटूट बन्धन
है वह!

दर्पण के परे

कार के बाहर निकले दर्पण में
चोंच मार-मार कर
क्या देखती हो मैना?
अपना चित्र?
अपनी चोंच का नुकीलापन?
या
जताने अपनी नाराज़गी
कि आया क्यूँ आज
इतने समय बाद?
पर आऊँगा अगर हर रोज़
तो फिर भी क्या देखोगी इस दर्पण में
इसी तरह?
थोड़ा बहुत ही तो होगा
कहने के लिए
अपने सखा-सखियों की शिकायतें
या यह कि चारों तरफ़ फैले
विषैले माहौल में
कंक्रीट के जंगल में
कैसे दूभर हो गया है तुम्हारा रहना।

कम समय में मिलो
तो कम ही बातें होती हैं

कुछ समय बीत जाता है तो
बहुत कुछ मन में इकट्ठा हो जाता है
पुरानी बातें
स्वप्न
कैसे तुम्हारे माता-पिता ने
तुम्हें पाला-पोसा था?
कैसे तुम पहली बार उड़ी थीं?
फिर एक दिन उड़ती-उड़ती
बिछुड़ गयी थीं
कुछ मित्र मिले थे
उनके साथ घूमी थीं
धूप, छाँव और बारिश में
फिर एक घोंसला बनाया था
कई घोंसले बनाये थे।

फिर समय बदलता गया
पेड़ कटते गये
जंगल उजड़ गये
बाग़ वीरान हो गये
और कैसे तुम एक यायावर बनी
उड़ती रहीं...पाने एक आसरा।
क्या यही देखती हो दर्पण में तुम
प्यारी मैना?

पर हमारा दुख भी
कोई कम नहीं
बस दर्पण में जो तुम देख पाती हो
वो हमें न जाने क्यूँ
दिखता नहीं!

साँझ भई घर आओ

साँझ भई घर आओ!
गोधूलि बेला की अन्तिम लालिमा
धूमिल हुई छिपने को है
श्वेत बगुले पानी के किनारे खड़े-खड़े
थक चुके हैं
चिड़ियाएँ
विभिन्न स्वरों में चहकतीं
उड़ रही हैं
जिस पत्थर पर तुम बैठे हो
सालों से ...
जड़ हो चुका है
वो भी सोचता है
कब उठोगे?

चमकते बाज़ारों में ख़ूब घूम लिए
ऊँचे गोल चक्कर पर बैठ
आकाश छूने का यत्न बहुत कर चुके
न जाने
जानी पहिचानी गलियों के
कितने चक्कर लगा चुके

अब हो चुकी है साँझ
'घर' न जाने कब से
अकेला-अकेला है
अब तो आ जाओ!

अब किसे दिखाने हैं
अपने कार्यकलाप
अपनी उपलब्धियाँ
कुछ समय तो
जैसे हो वैसे हो जाओ
सहज!

यहाँ घर में
बैठो जहाँ अच्छा लगे
मूढे पर, कुर्सी पर, पलँग पर
या बिछा कर दरी को
लेटो या
औंधे मुँह पड़े रहो।
फिर मुँदी-मुँदी
अलसाई आँखों से
देखो चारों ओर जमी धूल को
अस्पृश्य किताबों को
अव्यक्त शब्दों को
शीशी में बन्द सूखे रंगों को
तूलिका को
अधूरे लटके मन-चित्रों को।

क्या करना चाहते थे

और क्या करते रहे
शब्द इसी आस में बैठे रहे
कि कभी
उनका सही अर्थ समझोगे
और लिखोगे वही जो
अपने स्वप्नों में
सँजोया है!
पर सब धरा का धरा रह गया
पता ही नहीं चला
कब साँझ हो गयी।

बाहर बोले शब्द
कब के थोथे हो चुके हैं
वही-वही बातों की पुनरावृत्तियाँ
वही हँसी
वही मुस्कुराहट
वही किरकिराहट
क्या ऊबते नहीं?
नहीं है आदत
तो कुछ समय
भारी लगेगा
घर के अन्दर बैठना
पर तुम्हारी बाट जोहते
इतने सारे शब्द
इतने सारे चित्र
मूक थोड़े रहेंगे देर तक

करेंगे कुछ इंगित तो
देंगे आत्मीय निरन्तरता का बोध भी
अकुलायेंगे
समझायेंगे
आवागमन के इस मिथ्यात्व को।

प्रिय
ढल चुकी है साँझ
कराओ न और मनुहार
घर लौट चलो!

जानूँ क्या मैं मन में तुम्हारे

क्या होती है कभी जिज्ञासा
कि तट से टकरा-टकराकर
फेनिल विचारों का
अनवरत जाल बिछा
क्या जानना चाहता है सागर
क्या सोचता है वह
तुम्हारे सीमित विस्तार के बारे में?

मोहती हैं क्या उसे काली भूरी चट्टानें
बालुका तट
नीरवता को भंग करती आवाज़ें
मर्मस्पर्शी चीख़
या खिलखिलाती हँसी?
क्या भाता है उसे
वृक्षों का झुण्ड
सुन्दर मकान
खेलते-कूदते बच्चे
और गुब्बारे?
या फिर
अहोभाव से देखता है वो तुम्हें

कि क्षुद्र सीमाओं में बँधे भी
सराहते हो स्वयं को
करते हो दम्भ भरा उद्घोष कि
रोक लिया है तुमने
अजस्र समुद्र को
बटोर ली हैं मन को बहलाती
चमकती ... चुँधियाती
असीम सामग्रियाँ!

पर —
तुम जानोगे कैसे सागर को
उसकी गहराई को
गहराई में डूबे पहाड़ों को
मछलियों को ... विचित्र जीवों को?
कहाँ खोजोगे
डूबते सूरज को?
कैसे समझोगे
उठता है कहाँ से सुबह का सूरज
जो लालिमा फैलाता
दिनभर रहता है तुम्हारे साथ।
पूछा है कभी तुमने सागर से
उसकी अनन्तता का रहस्य?
क्या की है अभीप्सा जानने की
और सही है
न जान पाने की पीड़ा?
जाना है क्या
कि सागर भी

सीमाओं के सुख से
विरक्त नहीं
क्योंकि
निमिष भर भी
रुकती नहीं
उसकी लहरें
तट को छूतीं...ताकतीं...टोहतीं
अघाती नहीं!

चुप रह गौरैया

चुप रह गौरैया
सुना तो वो भींच देंगे तेरा गला
उन्हें अब आदत नहीं रही
तेरी आवाज़ सुनने की
तुझे देखने की।

इन बड़ी इमारतों ने
तोड़ दिये हैं पेड़ों के झुण्ड
उजाड़ दिये हैं चिरैयों के घोंसले
आड़ी तिरछी बेहिसाब सड़कों पर
दौड़ा दी हैं
एक के पीछे एक
बड़ी छोटी गाड़ियाँ
आँखों में दिखती हैं उनके
सबकुछ निगल जाने की लालसा
दानवीय आकांक्षाएँ।

भाग जा गौरैया
यहाँ से दूर, कहीं दूर
रात के अँधेरे में उड़ जा चुपचाप

कि सवेरे
मिल सको तुम
पहाड़ों की घाटियों में
अपनी सखियों से
और कह सको
कि भूल कर भी
वो आये नहीं
इस वीभत्स नगरी में
जहाँ अन्धा राक्षस
बेलौस सड़कों पर
दिन-रात घूमता
तोड़ता जा रहा है
घर ... बन्धु
प्रेम ... रिश्ते,
आत्म बन्धन!

अमित क्षुधा-घट

मन व्यथित है
कारण की प्रतीति नहीं होती
प्रेम स्रोत चहुँ ओर
फूट-फूट कर बहते हैं
पर क्षुधा मिटती नहीं
क्षुधा क्या प्रेम के भी परे है?
क्या सत्य, शब्द और अनुभूति
के परे
अव्यक्त चमकता प्रकाश है
जहाँ अस्पृश्य
अनछुए अर्थ बिखरे हैं।
क्षुधा के
अन्तहीन आयाम हैं
या
इस क्षुधा विन्यास के परे भी
कुछ है
जहाँ तुम हो?

अगर व्यथा भरा अमरत्व ही
मनुष्य की नियति है

तो
पिलाओ अंजुलि भर-भर
रिक्त कर दो
इस पर्व पर
कि व्यथा में सराबोर डूबा
अपने ही प्रभासित परिलक्षित प्रेम के
कई-कई माया दर्पणों के परे
तुम्हें ढूँढूँ!

करूँ इक अनुहार

आज सवेरे से ही
चल रही है मन लुभावनी बयार
छूती पोर-पोर
झकझोरती डालियाँ
झूलते फूल
रुनझुन रुनझुन बजाती
कँगूरों की घंटियाँ
एक विचित्र आनन्द व्याप्त है
चहुँ ओर!

कहो बयार
करूँ इक अनुहार
क्यूँ नहीं इसी क्षण
समा जातीं
भीतर, बहुत भीतर?
क्यों नहीं मिटा देतीं भेद
कि तुम हो...मैं हूँ?
समझो अब तो इस अन्तरव्यथा को
क्या बस जीवन-पर्यन्त

मैं द्रष्टा बना देखता रहूँगा
जो छुपा है तुम में
जिसे देखा है तुमने
समाया है जो तुम में...अविभक्त
तुम्हारा सुख!!
क्या कभी होगा
वो मेरा?

वो

‘वो’ एक आदतन भूलना है
अन्यमनस्कता है
स्मृतिविहीनता नहीं।

‘वो’ एक तिलिस्म-सा बुन देता है
जिसे खोजने
कितने ही मन
कितने ही विचार
कहाँ-कहाँ नहीं भागते फिरते।

‘वो’ कभी पास होता है
कभी दूर-बहुत दूर
‘वो’ कभी होठों तक आते-आते
अदृश्य हो जाता है।

‘वो’ कोई भी हो सकता है
रंग-बिरंगे फूल
ठण्डी हवाओं में हल्की गर्म छुवन
या कि

रात्रि की गहनता में
किसी अनजाने से
यकायक मिल जाना।

'वो' जब नहीं मिलता
तो एक रहस्य होता है
और जब मिल जाता है
तो लगता है
'ये' 'वो' ... कब बना?

दोपहर की बयार

इन पहाड़ों में
प्राण हरती
चलती है अल्हड़ आवारा-सी बयार
छेड़ती बाँस और चीड़ के पत्तों को
टकराती देवदार के तनों से
और भरती है एक गहरी उसाँस
दोपहरी की स्तब्धता में
'किसी को तो सुनाऊँ मन की बात।'

सर्र-सर्र आवाज़ सुन
अचम्भित हुए पहाड़ कहते हैं
क्या हुआ है इसे?
अधखुली आँखों से उलाहना देते बड़बड़ाते हैं :
'दोपहर में भी भला
कोई ऐसे उच्छृंखल होता है
नींद भी नहीं आती क्या इसे
बावरी...?'

पहाड़ों को क्रुद्ध देख
वो बोलती है :
'न जानें क्यूँ विचलित था मन

आज इस दोपहर में भैया!
तो मैं हाथों में थामे अपना मन
दौड़ रही हूँ
नाच रही हूँ
शोर कर रही हूँ
छेड़ रही हूँ बादलों को
कारण नहीं जानती कुछ
पर एक उल्लास सा
इस दोपहरी में उमड़ा है
सो क्या करूँ तुम्ही बोलो?'

विचित्र भंगिमा में
अर्धनिमीलित नयनों से
कुछ देर तो देखा पहाड़ों ने
पर कुछ समझे नहीं
मुँद गयीं स्वमेव पलकें
और दुपहर भर
उल्लसित बयार
अपने ही मन सखा को
चहुँ ओर ढूँढ़ती रही!

लगालगी लोचन करें

दिखते तो हैं :
नभ के तारे
चन्द्रप्रभा में चमकते बादलों का विचरण
बेला का सकुचाते सकुचाते
मुँडेर के उस ओर ताकना झाँकना
फिर सूरज का समस्त लालिमा बटोर
पहाड़ी के सुदूर छोर से निकलना।

मन आनन्दातिरेक में
इन्हें देख
नाचता है
गाता है
पर न जाने
एक अनकही कसक
भीतर ही भीतर सालती है
सब कुछ जैसे आसपास है
अपना है
कदाचित छूता भी है
फिर भी है कितना दूर
एक रहस्यमयी सी
चमक में डूबा!

विदीर्ण मन अकेला
भरना चाहता है
उस शून्य को ...उस दूरी को
किसी अमिट आत्म-छुवन से।

सभी व्यस्त हैं
किसी मेले में
डूबे हैं आकण्ठ
इस छलना नगरी के
चित्र-विचित्र
लुभावने कार्यकलापों में
फिर क्यूँ यह पीड़ा निठुर
हाथ पकड़े मेरा
बैठी है अकेली?

कौन देखता है सखी

सखी
क्या देखता है मन ही
यमुना के किनारे
मनोहर घने वृक्ष के नीचे
चुपचाप बैठे कृष्ण को?
सुनता है क्या मन ही
बंसी की मादक धुन
दूर खनकते नूपुर
और कोयल की कूक?
क्या चम्पक वन की बौराती सुगन्ध
खिलते बेला और मोगरे की महक
अन्तर्मन से ही उठती है?
क्या छूता है
मन ही
उस
नयनाभिराम को?

कहो सखी तो फिर क्या देखते हैं
इस देह में विभूषित
ये मृग नयन?

भ्रमित कौन करता है
मन या नयन?

नयन जब देखते हैं
अपना आराध्य कृष्ण
तो क्यों उसे पाने की
अन्तर में एक वेदना सी उठती है?
पर वो जब नहीं होता
तब भी तो वो दिखता है
धुँधला तो कभी रूपित
फिर कौन देखता है
मन या नयन?
या कि
अन्तर में पैठा कोई और भी देखता है
निरखता है इस सुन्दरता को
सुनता है उस ध्वनि को
छूता है सुगन्ध के आगार को
बोलो वो कौन है सखी?

एक कल्पना?
मन का भाव?
सिर्फ़ नयनों के समक्ष
एक दृश्य?
याकि
विरह का है विराट अन्तर सागर
अनिर्वार उठती हैं
उसमें लहरें
उभरते हैं :

नव भाव
नव चित्र
नव रस!

मैं बस बावरी सी भागती रहती हूँ
सूर्य की प्रथम किरन के साथ
अन्तिम किरन तक
और चन्द्रमा की बिखरी चाँदनी में
चमकते पत्तों को देखती
यमुना की निर्मल रेत पर लोटती
पाती हूँ
देह से
मन से परे
उसे
अपने ही आत्मरूप में!

जानती हूँ
बूँद हूँ बस
पर अघाती नहीं सखी!

नज़र

नज़र तो लगी है सचमुच!
वो गुलाब के फूलों का
लाल गुच्छा
जैसे पीछा ही करता रहता है
मुड़ के देखो तो
मुस्कुराता है
रात की रानी इतना जलती है
यह सब देख
कि बस उसकी महक
रात में कहीं भी चले जाओ
लुभावनी अदा में
मोह पाश
फेंकती रहती है!

करूँ भी क्या
सवेरे सवेरे
सूरज लजाया सा
लालिमा भरे सुर्ख गालों को लिये
काँच की खिड़कियों को लाँघ
कमरे के कोने में बैठे

निहारता रहता है!
बाहर आओ तो
मन्द-मन्द ठण्डी हवा लिपट जाती है
छोड़ती ही नहीं।
दिन भर कभी छोटी चिड़ियाँ
काली, भूरी, हरी, लाल
तो कभी सफ़ेद बड़ी चिड़ियाँ
गाती रहती हैं
न जाने कौन-सी भाषा में?
किसे सुनाती हैं वो
अपना गीत?
शायद भ्रम हो मेरा
या न हो?

पता नहीं क्या हो गया है
स्वप्न में भी यही सब दिखते हैं :
गुलाब के फूल
रात की रानी
सुबह का सूरज
छोटी रंग-बिरंगी चिड़ियाँ
और मन्द-मन्द
पत्तों को हिलाती हवा!

उतारोगी नज़र क्या?
सरसों के तेल से भरी बाती
क्या घुमाओगी मेरे चारों तरफ़
और सुनोगी चटक-चटक
की ध्वनि
कि कितनी गहरी पैठी है व्याधि?

पर अगर मेरी नज़रों को भी
ये देखना...सुनना...छूना
अच्छा लगता है
तो फिर बताओ
उतारोगी किसकी नज़र?

कोई भला क्यूँ बचना चाहेगा
इन मनुहारों से
ये नज़र और लगे...बढ़े
फले फूले
ऐसा भी कुछ है तुम्हारे पास
जादू...टोना ?

तट और सागर

तट का चिन्तन

कैसा विस्तार है निस्सीम
नीलिमा बिखरी एक छोर से दूसरे छोर
लहरों का अनवरत क्रन्दन
और भीतर शान्त गहरा नीला जल अथाह
असंख्य मछलियाँ...
अथाह जल-जंगल
हरे-नीले पेड़, पहाड़ और फूल अद्वितीय।

इसी के पीछे से ही तो उगता है
सूरज
लाल सुनहरी लहरों पर लोटता
छिपता है इसके पीछे ही
वैसे ही रंगों में सराबोर
अनन्त आकर्षण हैं
सम्भावनाएँ हैं
पर फिर भी निर्लिप्त?

पर अनन्तता में कोई कैसे सोचता होगा

क्या है कोई सखा भी उसका?
या बस अकेले ही
स्व-आनन्द में
निमग्न स्वयंभू वो मौन है
सदियों से
कुछ पदचापें ही उसकी तट पर
सुनाई देती हैं।

उस विचित्र अनन्त वैभव
के स्वामी का स्वभाव
मैं कैसे जानूँ?
सीमित हूँ मैं तो
अपनी थाह पहचानता हूँ
पर अभीप्साएँ
अकुलाती हैं अनवरत
उसकी तरह हो जाने
सीमाहीन!

सागर का चिन्तन

कौन है जो रोक लेता है
उन विराट शक्तिशाली लहरों को
कि बस
कुछ लकीरें किनारे पर रह जाती हैं
सीमाएँ तो दिखती हैं
पर वृहदता भी लक्षित है
पहाड़ हैं, नदियाँ हैं, वृक्ष हैं
चिड़ियाँ हैं, सारा संसार है

और चलते, फिरते, बोलते, गाते
मनुष्य हैं
उनके घर हैं,
परिवार हैं,
जीवनयापन के विविध आधार हैं
घृणा है—प्रेम है
पीड़ा है—आनन्द है
निर्ममता है—करुणा है
अहम् का अनेकानेक
रूपों में प्रदर्शन है।

विविधता है तो जीवन है
सीमा है तो क्या
सम्भावनाएँ तो सीमित नहीं
हर बन्धन में
उन्मुक्त आयामों का
अपार प्रसार है
चेष्टा है
चेतना है
ऊर्जा है
स्वप्न हैं
जीवन्त गतिमयता है।

मैं हूँ निस्सीम
पर अकेला
रहता हूँ उसकी पीड़ा में
मौन ही।

पर क्या यह सीमा ही
सीमाहीनता का बोध नहीं देती
और अनन्तता
आकार को निराकार हो जाने
की सम्भावनाएँ नहीं देती?

मेरा हर प्रयत्न फिर क्या
अनन्तता के क्षितिज पर खिंचा
अपरिमेय और अज्ञेय है
या कि
कभी वो सीमित हो
सृष्टि का सृजक बन
अपने ही रूप को
निहारता है?
क्या तब सीमा और निस्सीमिता का भेद
हो नहीं जाता विलुप्त?
तब क्या सागर और तट
नहीं हो जाते एकाकार?

स्वप्न कहीं न जाओ

स्वप्न जाओ नहीं
सामने पर्वत शिखरों पर अभी
इस गर्म लिहाफ़ में लिपटे लिपटे
करो सुखद चिन्तन।
देखते नहीं
ठिठुरता मद्धिम चाँद
कैसे अकेला अकेला
आकाश में घूम रहा है
और चाँदनी सुनसान सड़कों पर
चुपचाप फैली पड़ी है।

ठण्डे-ठण्डे बर्फ़ीन हाथों को लिये अँधेरा
एक ब्रह्म राक्षस की तरह
सामने के जंगल में छुपा
घूरता है
चिड़ियाँ चुप हैं
पेड़ों की पत्तियाँ चुप हैं
नदी की लहरें चुप हैं
कभी झाड़ियों में

किसी के रेंगने की आवाज़
क्षण भर आती है बस।

कल्पनाएँ भी घर के बाहर जाने से
डरती हैं
एक कँपकँपी सी आती है
और झट से
दरवाज़े बन्द हो जाते हैं
समझाती हैं वो
कि क्यों चाहते हो बाहर निकलना
भटकना
लेटे रहो लिहाफ़ में
और आने दो स्वप्निल गर्माहट को।

विचारों को विश्राम दो मन
दार्शनिक न बनो
आज ठिठुरन भरी रात है
बस ठूँठ बन पड़े रहो।

नववर्ष का स्वागत

प्रकृति विस्फरित नेत्रों से देखती है
शीत के आगमन को
और कहती है
आ गया वह क्षण
जब बाह्य आडम्बरों को छोड़
मौन हो
देखना है स्वयं को ... ध्यानस्थ।
जानना है क्या दुविधाएँ
बीते वर्ष में झेली थीं
और क्या करना है
आने वाले समय में
कि जब प्रस्फुटन हो
तो सूर्य का स्तवन करने
सारी पत्तियाँ और रंग-बिरंगे फूल
मिलकर सोचें ...
कैसे सजायेंगे अपने आराध्य को?

मौन ही तो
आने वाले स्वरों में राग भरता है
नये स्वप्न दिखाता है

नये रंग देता है
और देता है
नव-जीवन।

शीत शान्ति का प्रतीक है
और रात्रि में फैली धुन्ध में
चाँद नये रहस्य ढूँढ़ता
देखता है
कैसे चुप-चुप खड़े वृक्ष
स्थित-प्रज्ञ हो
आत्म-मन्थन में डूबे
आनन्दित हैं।

यही क्षण है
जब जीवन्त आत्म तत्त्व
पता है सान्निध्य अपने नियन्ता का
इसी क्षण का प्रतिफल ही तो
प्रस्फुटित होता है
यही तो आधार है
नववर्ष का!

अन्तर का सावन
अन्तर का बसन्त
ही तो
प्रकटित होता है
बाह्य रूप में
खिले नव पर्ण
खिले फूल

पीले, नीले, लाल
गुलाबी तो बस
चित्रण है
प्रकृति का मौन कल्पनाओं का।

कौन कहता है
यह नव वर्ष का आगमन नहीं?
कौन कर सकता है भला
प्रकृति के सत्य को
अस्वीकार?

सौन्दर्य बोध

सुर्ख लाल रंगों में खिले
लगते हो कितने सुन्दर!
कलियों ने देखा
कहा धीरे-से
बाबला है
बतियाता है फूलों से।

फूल ने कहा :
मैं क्या जानूँ सुन्दरता को?
कहाँ है दर्पण
झाँकूँ जिसमें?
कहाँ है मन मुकुर
आँकूँ जिसमें अपना प्रतिबिम्ब?
कहूँ कैसे :
हाँ सुन्दर हूँ
और करूँ परिमाप असुन्दरता का!

तुम ही जानो
देखो अपनी आँखों में

करो सुन्दरता का बोध
और उस बोध को भी देखो
अन्तर्मन में
साक्षी बन।

मैं तो बस खिला
देखा तुम्हीं ने उस सुन्दरता को
टटोलो उस क्षण को
उस भाव को।

देखें कहीं
एक दूसरे के
पूरक तो नहीं हैं हम
इस सृजन में!

सहजता

अच्छा घोंसला बनाया है
बैठो उस पर प्यारी चिड़िया!
पीछे से कोई हँसा
हाँ पिछवाड़े बग़िया में भी तो
लगाये हैं तुमने
प्लास्टिक के फूल
काग़ज़ की तितलियाँ
हुए क्या कुछ प्रेरित उनसे?

चिड़ियाँ तो उड़ रही हैं
आसमान में
पेड़ों पर भी बैठी हैं कुछ,
फूल भी खिले हैं बग़िया में
रंग-बिरंगे
वो क्या मन में कोई चित्र नहीं बनाते?
कैसे उपजाओगे शब्दों को
अकेली सूखी डाल पर
और पिरोओगे उन्हें
एक माला में?

सृजन का स्रोत
विभक्त मन नहीं,
कृत्रिम सृजनाएँ
क्या कर सकती हैं भला
आनन्द का उद्‌भव?

चैतन्य हुए जोड़ो
सुबह के सुहाने एकाकीपन को
घास पर बिछी ओस से
धूप की किरणों से
फूलों से
तितलियों से
और तब देखो
कैसे नन्ही चिड़िया
शब्दों को अपनी चोंच में दबाये
तुम्हारे मन नीड़ में
चुपचाप आ बैठती है।

बीते स्वप्न

इस काली गीली चट्टान पर बैठे बैठे
कभी अलभ्य स्वप्न देखे थे
कि मछुआरे की नाव में बैठ
दूर क्षितिज तक
पहुँचा हूँ
छुआ है उगते
और डूबते सूरज को
बहुत पास से
फिर जब लौटा
तो चाँद भी था
मेरे साथ-साथ।

कहाँ है वो स्वप्न
क्या कहीं खो गये हैं
छुप गये हैं
दूर के धुँधलके में
रात के सन्नाटे में
या उलझ गये हैं
मन ही की भूलभुलैया में?

उछलकर अचानक सागर की एक लहर
बोलती है :
हाँ मैंने भी देखे थे वो स्वप्न
मेरे साथ-साथ वो भी बहे थे
मैं ले गयी थी उन्हें
नीले क्षितिज के पास
सागर की अँधेरी गहराइयों में
वो अब भी घूमते हैं
मछुआरों की नाव के पास
वो कभी मछली बन तैरते हैं
उछलते हैं
तो कभी जाल में फँसे
तड़फड़ाते हैं।
मैंने उन्हें सँभाल कर रखा है
समय और आयाम के
झरोखों में
तुम चाहो तो फिर देख सकते हो
{थोड़ा रुकी, फिर साहस कर बोली}
वो स्वप्न ...!

मैंने चाहा
बहुत चाहा
डूबता गया भीतर
बहुत भीतर
काली गीली चट्टान पर करती रहीं प्रहार
अनवरत लहरें
पर मिले नहीं कहीं वो स्वप्न

मिला तो बस
विराट अभेद सन्नाटा
और मुझे निहारती एकटक
प्रतीक्षारत
अभीप्सित
एक लहर!

अमलतास

अमलतास
झुको और नीचे
पहना दो
मन्थर चलती पवन के कानों में
बालियाँ!

अमलतास
झुको... और झुको
कि आतुर हरी घास
पूछ सके तुमसे
तुम्हारे मन की बात
और छू सके
तुम्हारा पीत-स्वर्णिम गात!

अमलतास
झुको तनिक और भी
तोड़ दो भ्रम सारे
कि कैसे चिलकती धूप में भी
प्यार मुस्कुराता है

और गाता है कोयल के साथ
मल्हार!

बिछा दो
इस सूनी दोपहरी में
पीले चमकते फूल अमलतास
कि उल्लास भरी प्रेयसी
भर ले तुम्हें आलिंगन में
अनायास!

डाह भरी सूरज की किरणें तब
जलें... तपायें उग्र हो
पर तुम और भी निखरो
लिये पीत स्वर्णिम रंग
कहे तब नभ
भला
छू भी सकते हैं
कभी व्रण
प्रेम और सौन्दर्य के
पावन क्षण!

फिर तुम्हारी याद आती है तो

कहाँ-कहाँ मन की शृंखलाएँ फैलाये
छिन्न-विच्छिन्न बैठे हो
सुबह है
हल्की-हल्की धूप है
पेड़ों पर अलसाया माधुर्य है
मुस्कुराओ ...!!

ये जीवन तो ऐसा ही है
चाहो तो सब मिल जाये
पर फिर अभाव कैसे जानोगे?
कैसे सह पाओगे विरह-दुख?
क्षणभंगुरता इस शरीर की
नश्वरता वैभव की
क्या सत्य नहीं?
किसने फैलती जाने दी मन की
संगतियाँ ... विसंगतियाँ?
डोरियाँ ...
समय और काल के रंग में भीगी
धीरे-धीरे उलझती गयीं जो
अब बैठे-बैठे सुलझाने से क्या होगा?

कितने धागे तोड़ोगे?
कितनी गिठाने बाँधोगे?
कहा था तुमसे कितनी बार
बँधो उससे जिसका बन्धन
विमुक्त है
पर तुमने स्वमेव
बँधना चाहा कहीं और
तो अब
छटपटाओ छूटने के लिए
व्यथित होओ।
छूट भी गये तो बीता समय
लाओगे कहाँ से?
पदयात्रा अब पीछे तो नहीं होगी?

पर घबराओ नहीं
बस बैठो मौन
इस सुखद सवेरे की धूप में
छुओ अपने हाथ
उँगलियाँ
आँखें
टटोलो मन को
आती-जाती श्वाँस को
फिर देखो
चुपचाप धीरे-धीरे सरकती धूप को
पीछा करो उसका
तब तक
जब तक वो गुलाब के फूल पर
बिखर नहीं जाती

तुम भी बिखरो
देखो उस बिखरने को
धूप का सान्निध्य तुम्हें
बाँधता नहीं
बिखरे रहो ऐसे ही चुपचाप
फिर लौटो
छुओ फिर अपनी उँगलियाँ
अपनी पलकें
क्या वो तुम ही हो?

बैठे रहो देर तक यह सोच
कोई बैठा है तुम्हारे पास
करो उससे मित्रता
प्रेम
करो बातें ... जानो उसे
बाट जोहो उसकी
होने दो फिर सबकुछ जीवन में
स्वयमेव!

बेला

खिलो बिखेरो अपनी सुगन्ध
बेला
ये तुम्हारे दिन हैं!

क्या हुआ जो कोई आया नहीं पास
छुआ नहीं किसी ने तुम्हारा
सुरभि-भरा निःश्वास
बैठ कर तुम्हारे समक्ष किसी ने
करा नहीं फूलों का शृंगार
गाये नहीं गीत।

तो क्या हुआ?
करोगी नहीं क्या विश्वास उसका
जो रहा तुम्हारे साथ हमेशा
सहा उसने भी संग तुम्हारे
उपेक्षा...एकान्त
की प्रतीक्षा उसने भी
प्रस्फुटन की
और खोल दिये
तुम्हारे लिए ही

सुरभि के आगार।

क्या नहीं है बोला वह तुम्हारा
चिर-प्यार!

स्वर्ण-मृग

तुम्हें सोचते-सोचते
समय यकायक कैसे बीत जाता है
पता ही नहीं चलता
पल बीतते हैं
क्षण बीतते हैं
फिर कभी शाम ढल जाती है।

यूँ ही सोचते-सोचते
कभी आकाश से
एक सीढ़ी नीचे आती है
जिस पर चढ़कर मैं
एक उपवन में पहुँचता हूँ
जहाँ जूही, चम्पा, चमेली
अपनी मोहक सुरभि बिखेरे
चैतन्य हो मुझे देखते हैं
एक स्वर्ण-मृग कुदालें भरता
आकर्षित करता है
सुगन्ध भरे मोहक पाश
शनैः-शनैः स्मृतिविहीनता ले आते हैं
तब वह स्वर्ण-मृग

रहस्यभरे नयनों से
पूछता है :
जानते हो कौन हो तुम?

विस्मित हुआ मैं उसे देखता हूँ
मन होता है उसे छुऊँ ... पूछूँ
पर तभी सुरभि-पाश और जकड़ लेते हैं
मैं कहता हूँ :
'ओ स्वर्ण-मृग
क्या इस उपवन में महकती अक्षुण्ण
सुरभि का स्रोत जानते हो?
क्या ले चलोगे मुझे वहाँ?'
अचानक स्वर्ण-मृग
अदृश्य हो जाता है
सुरभिपाश ढीले हो जाते हैं
स्मृति-चिह्न लौटने लगते हैं
मन में कहीं-कहीं
उस सुगन्ध की छुअन महकती है
पर वो कहीं दिखती नहीं
फिर पल, क्षण, दिन, याम
बीतते जाते हैं
तुम्हें सोचते-सोचते।

कहो बाबू!

बाबू —
इन जंगलों ने क्या कभी की नहीं
हमारी बात
कहा नहीं कि हमारी दुपहरी
कैसे बीत जाती है
बीनते बीनते महुए के बीज?
कैसे हमारी भूख
दिनभर ढूँढ़ती है
पत्तों और पेड़ों के बीच
अपने बच्चों को
जो शाम को हमारे लौटने की
बाट जोहते होंगे
भूख से ललचाई उनकी आँखों में
कहाँ दिखता है भगवान बाबू?

बाबू —
लिखो न हम पर भी एक कविता
कि हमारे माँ-बाप
हमारे दादा-दादी भी
ऐसे ही ढूँढ़ते रहे

पेड़ों की छाँवों सी बिखरी भूख
झेली उन्होंने भी चिलचिलाती धूप
नंगे शरीर पर
तो ठिठुरन में सर्दी ने
रातभर उन्हें नोचा
हम छोटे-छोटे बच्चे
घास के पुआल में दुबक कर सोते रहे।

बाबू —
क्या लिखोगे इस पर भी कुछ
या बस देखोगे
अपने चाँद को जो
हर रोज़ हमें भी देखता है
सालों से
सैकड़ों सालों से
पर कहता नहीं
मैं तुम्हारी क़िस्मत बदल दूँगा
तुम्हें भी पानी मिलेगा
रोटी मिलेगी
एक छोटी झोंपड़ी मिलेगी
जिसमें बरसात का पानी
भरेगा नहीं।

बाबू—
न चाँद
न सूरज
न हवा
न फूल

कोई भी हमारी बात सुनकर
हमें देखकर भी
कुछ कहते नहीं
आसमान पर बैठे विधाता से
कहो न कि करें
कुछ कृपा हम पर भी।

बाबू —
जब एक दिन
जंगल के पेड़ कटने लगते हैं
और जंगलात का अफ़सर
बोलता है
ख़ाली करनी होगी ये झोंपड़ी
ये सारा जंगल
ये सारा गाँव डूब जायेगा
एक बड़ा बाँध बनेगा यहाँ
जिसमें बिजली बनेगी
उजाला होगा
कारख़ाने चलेंगे
सोचा है क्या बीतती है
हम पर तब?
रीती आँखों में
क्या दिखता है
कोई स्वप्न?

बाबू —
पर क्या हमारे दिन भी कभी बदलेंगे
या छीनकर हमारी झोंपड़ी

हमें सड़कों पर फेंक देंगे
फेंकते रहेंगे
कि हम कीड़े-मकोड़ों की तरह
बस रेंगते रहें
कोई तो हमारी बात करेगा
कोई तो जानेगा
कि ये साल का पेड़ जब बहुत छोटा था
मैं उसपर चढ़कर बैठ जाता था
और दिनभर करता था
अपने माँ-बाप के आने का इन्तज़ार
वो साल का पेड़ अब बड़ा हो गया है।

बाबू—
कभी-कभी दूसरी झोंपड़ियों के बच्चों के साथ
पास की छोटी पहाड़ी पर
हम खेलते थे
हँसते थे
वो हँसी कुछ दिनों और सालों की थी
जल्दी ही सब समझ में आ गया
यकायक बचपन बीत गया।

बाबू—
कहते हैं अगर पानी भर जाये
तो हम उस पहाड़ी की टीकरी पर
जा सकते हैं
अगर डूबने से बचना है तो।
पर बाबू
ज़रा सोचो

कैसे रहेंगे उस टीकरी पर
सब तरफ़ पानी होगा
और क्या हम बस बैठे-बैठे
सब तरफ़ फैला पानी देखते रहेंगे।
सरकारी बाबू ये भी नहीं कहता
कि एक नाव से तुम्हें बचा लेंगे
और छोड़ देंगे किसी और जंगल में।
शायद
कुछ तो वहाँ होगा
पेट भरने के लिए!

बाबू बोलो —
हम कहाँ जायेंगे?
कहते हैं क़ानून है
पर वो है तो हमारे लिए क्यों नहीं
वो कुछ करता क्यों नहीं
क्या क़ानून जानता नहीं कि
हम भी जीते हैं
कुछ नहीं है हमारे पास
बस जीने भर रहने का साधन
तो हमसे न छीने?

बाबू —
क्या बोलोगे शहर में जाकर
हमारी बात
लिखोगे
कुछ भी तो हम नहीं माँग रहे
बस जी पायें

जब तक जीवन है
इतना तो कह सकोगे न।

बाबू —
हमने सुना है
अख़बारों में और बड़ी किताबों में
हमारी तस्वीरें छपती हैं
बहुत सारी बातें
हमारे बारे में लोग लिखते हैं।
हमारे रहन-सहन और जीवन के बारे में
अध्ययन होता है
दसियों सालों से ही हम देखते हैं
कि लोग आते हैं
हमारी फ़ोटो खींचते हैं
हमसे बातें करते हैं
और चले जाते हैं
वादे भी करते हैं
पर भूल जाते हैं।

बाबू —
तुम तो नहीं भूलोगे बोलो
शक्ल से तो भले लगते हो
बस इतना भर हो जाये
थोड़ी-सी छत हो
जहाँ बच्चे बारिश से
बच सकें
आधा पेट खाना भी चलेगा
आधा पानी से भर लेंगे

इज़्ज़त ढकने को तनिक कपड़ा हो
बस ... बस इतना ही
वरना सोचोगे
लालची है।
करें विकास
बनायें कारख़ाने
बाँध...इमारतें
पर हमें तो न उजाड़ें
सब अब थक गये हैं
और कितनी पीढ़ी सहेंगे हम
यूँ उजड़ते जाना।

कहोगे न बाबू —
यह सब
हमारी चिन्ताएँ
हमारे दुख
हमारा छोटा-सा स्वप्न
बोलो बाबू!

अभिव्यक्ति

मुँह सिल दो
कि कुछ बोल न सकूँ
गा न सकूँ
चिल्ला न सकूँ
पीड़ा हो तब भी?
पर उँगलियाँ तो बोलेंगी
बींध देना उँगलियों को
नुकीले काँटों से
आँखें तो फिर भी कहेंगी अपनी बात
तो भींच देना आँखों को भी।

अब होगा बस एक शरीर
सीधा सपाट
जो सुनेगा
पर कुछ बोलेगा नहीं
लेकिन लोग तो देखेंगे ही
सिले हुए होंठ
बिंधी उँगलियाँ
भिंची आँखें
तो प्रश्न भी पूछेंगे

क्या किया था उसने
क्या कुछ कहा था?
शरीर बिना अभिव्यक्ति वाला बिजूका बन
डर तो फिर भी पैदा करेगा
हो सकता है
एक भीड़ उसके
इर्द-गिर्द इकट्ठी
हो जाय
और धीरे-धीरे
जुड़ते जायें उसमें लोग
और कहें :
बोलना तो कोई
अपराध नहीं?

तो एक दिन चुपचाप जला देना उसे
कुछ अंश उसके चिनगारियाँ बन
उड़ेंगे आकाश में
फिर
चिनगारियाँ राख बन
बादलों में छा जायेंगी
और एक दिन बारिश में घुलमिल
धरती में पैठ जायेंगी
और उगेंगी उस राख में
धान और
गेहूँ की बालियाँ।

फिर खेत बोलेंगे
खलिहान बोलेंगे

धान और गेहूँ की लहलहाती बालियाँ बोलेंगी
तब क्या करोगे?
किस किस के सिलोगे मुँह?
किसकी बींधोगे उँगलियाँ?
किस किस की भींचोगे आँखें?

अजस्त्र आँखें तुम्हें देखेंगी
अजस्त्र हाथ दीवार बन जायेंगे
अजस्त्र स्वर समवेत हुए
तुम्हें रोकेंगे
समझायेंगे :
अपनी अस्मिता ही
तो माँगते हैं वो
कुछ कह पायें।
उनके अपने खेत हों
अपनी फ़सलें हों
अपना सीधा सरल जीवन हो
एक छोटा घर हो
और पेट भरने जितना अन्न।

तब भी क्या वहशी बन
तुम छीन लोगे खेत
जला दोगे फ़सलें
रौंद दोगे गेहूँ की बालियाँ
तोड़ दोगे घर-बार
नोच लोगे स्वप्नों को
छोटे-छोटे बच्चों की आँखों से
बोलो?

अपना सुख

तेज हवाएँ चलीं
उड़ गयीं सूखी पत्तियाँ
टूट गयीं सूखी शाखाएँ
कुछ पुरानी डालें भी
व्यर्थ का बोझ वहन करते-करते
थक गया था अन्तर्मन
हल्का हुआ वृक्ष अब कैसे झूमता है!

चलो हवाओ और तेज़
उड़ा दो धूल को तन-मन से
एक-एक पत्ती से।
पोंछ दो धूप में बिछा दर्पण
कि अपना रूप
कुछ साफ़-साफ़ दिखे।

फिर करूँ अपने से प्रेम
बैठूँ दिन भर अपने पास
नयन-भर देखूँ अपने को ढलती शाम में
और देखूँ स्वप्न गुह्यतर
रात्रि के अन्धकार में।

सुबह हो तो देखूँ
नयी पत्तियाँ
नये स्वप्न,
अपने से ही मिलने की ख़ुशी में
भर आयी आँखें
अपने ही आगोश में प्रुफल्लित मन
अपना-अपना सा सबकुछ
दूरी ले आता
पराया कुछ नहीं।

और तेज़ चलो हवाएँ
कि मैं हमेशा के लिए
अपना ही बन रह सकूँ।

बन्धन और विमुक्ति

क्या करते हो पहाड़ों पर?
मन लग जाता है?

हाँ क्यूँ नहीं
देखता हूँ
सारे नीले आकाश में
सिर्फ़ अकेला एक सफ़ेद बादल
पहाड़ों के शिखरों पर
कब से उड़ रहा है।

सुबह अतीव मधुर होती है
पूर्व में लाल रंग बिखेरता
सूरज उगता है
हल्की सी ठंड में
आड़ू के पेड़ों के पास
बैठो तो
छोटी-छोटी रंग-बिरंगी
कितनी ही चिड़ियाएँ
एक शाखा से दूसरी पर
फुदकती रहती हैं
एक गतिमयता रहती है उनमें
एक नैसर्गिक उत्साह।

फिर धूप चढ़ने लगती है
खुले आँगन से
सीढ़ीदार खेतों पर
ऊर्जा के उस आरोहण में
मैं भी सोचता हूँ
कुछ तो कर्म करूँ
तो फूल के पेड़ों से
सूखे पत्तों को हटाता हूँ
जगह-जगह उगी
खरपतवार को उखाड़ता हूँ
कुछ गमलों में पानी देता हूँ
और फिर हरी घास पर बैठ इत्मीनान से
चाय के कुछ घूँट पीकर
वहीं लेट जाता हूँ
नीले आसमान को टकटकी बाँध देखता
ख़ाली ख़ाली मन उड़ता रहता है
कभी-कभी मन सोचता भी है ... भटकता भी है
मैं रोकता नहीं उसे विचरण करने से।

अचानक मन ही पूछता है :
क्या व्यस्तता में घिरे जीवन और
इस तरह घास में पड़े रहने का कोई सम्बन्ध है?
तब मैं मन को छोड़
स्वयं को देखता हूँ
कोई उत्तर न पा
पहले की तरह नीले आकाश को निहारता रहता हूँ।

कई अबाबीलें घूमती हैं कभी गोल-गोल
तो कभी गोते लगाती हैं
इनके मिट्टी के घोंसले
बाहर घर की दीवारों पर बने हैं
विचित्र है उनका जीवन भी
क्या कोई अर्थ है उनके उड़ते रहने का?
दृष्टि छूती है तब
चीड़ के बहुत लम्बे पेड़ को
बाँझ के पेड़ों को
और पहाड़ पर उगते जंगल को
सुनती है —
अलग-अलग चिड़ियाओं के
अनवरत कलरव को।

हालाँकि धूप में गर्मी शनैः-शनैः बढ़ती है
पर ठण्डी बयार सुख कम नहीं होने देती
उठ कर फिर चल देता हूँ
पहाड़ पर तनिक ऊपर
जहाँ अखरोट का पुराना पेड़
सघन छाया देता है
उसका सान्निध्य भी
मन को भाता है
वहाँ बैठ खिलते फूलों को देखता हूँ।

इधर फूलों के कई नाम
याद किये हैं
वरना अपने शब्दकोश में बस

चम्पा, जूही, बेला और चमेली ही थे
इस बढ़े शब्द विन्यास में
शामिल हैं अब
डेज़ी, जिरेनियम, हाइड्रेन्जिया
और फ़यूशिया भी।
रटता हूँ इनके नाम प्रतिदिन
पुष्प परिचय यूँ बढ़ा है
ये भी तो एक उपलब्धि है!

बाक़ी दिन की बात मत पूछो
जब इतने बड़े-बड़े पहाड़
सोते हैं
तो मुझे भी आँखें मूँदने में
नहीं होती कोई ग्लानि
कोई लेखा-जोखा तो हो नहीं रहा
कि कितना समय गँवाया
व्यर्थ सोने में।

सन्ध्या भी सुबह की तरह
मधुर होती है
दो पहाड़ों के बीच छिपता सूरज
चारों ओर फैली लालिमा
पक्षियों का कलरव
और धीरे-धीरे
निशीथ का आगमन!
मैं कहीं कोने में बैठा-बैठा
प्रकृति का यह विचित्र खेल
देखता रहता हूँ।

मन न भये दस-बीस

छत की मुँडेर पर
सवेरे से बैठे हो मन
शाम हो गयी
गोधूलि बेला ढल चुकी
घर के आँगन में
एक दीप टिमटिमा रहा है
अब तो लौट आओ!
मैं भी दरवाज़े की चौखट पर
बैठा-बैठा
थक गया हूँ
तुम अनमन हो, उदास हो
तो मैं भी चुप हूँ
तुम नहीं
तो मैं भी नहीं
सब दिखता है
पर अनछुआ-अनछुआ सा
अपरिचित!

तुम आये पहले
या मैं...जानता नहीं
पर तुमने कब रच दिया स्वप्नों का संसार

पता ही नहीं चला
मोह और प्रेम का भेद
समझ ही नहीं पाया मैं
तुम! हाँ तुम ही तो मन
जाने कहाँ-कहाँ हाथ पकड़
ले जाते रहे
कि मैं अपने को भूल तुम्हें चीन्हता गया।

मन धीरे-धीरे सबकुछ तुमने ले लिया
'मैं' कहीं रहा नहीं
क्या यही था प्रारब्ध?
पर कभी-कभी मैं और तुम से परे
हमें कोई और भी देखता था
अब भी देखता है
देखेगा तब भी
जब न तुम होगे, न मैं!

तुम माया हो या लीला
जानता नहीं
पर अधिपति हो इस संसृति के
ये जानता हूँ।
तुम ही बुनते हो गुँजलक
सुलझाते भी तुम्ही हो
पर मुक्ति तुम्हारे बिना
क्या सम्भव नहीं?
क्या मैं बंधा हूँ तुमसे मन
स्वतन्त्र नहीं?
क्या कोई भी स्वतन्त्र नहीं?

उदास हो
मौन हो
कि इस पथ पर कुछ छूट गया
कुछ रह गया
किसका दोष रहा
पता नहीं
बस
जाने विधाता ही!
पर लौट आओ अब मन
चेतना की बाती आँगन में
उजियारा फैलाये बैठी है
बाट जोहती तुम्हारी
स्वीकारता हूँ
हूँ अपूर्ण मैं तुम बिन
हो तुम्ही अब
इस नैया के खेवनहार!

❐❐